작가의 고유의 글맛을 살리기 위해
한글 맞춤법에 맞지 않는
일부 표현을 수정하지 않았습니다

개정판

평생친구 사귀는 방법

당신이 몰랐던 친구관계의 본질

개정판

조영범 지음

평생친구 사귀는 방법

마음세상

개정판으로 인사드립니다

책이 출간되고 1년 6개월이 지났다. 대학 졸업하고 유통회사에서 일하며 퇴근 후 원고만 쓰던 시절이 불과 2년도 안 되었다니. 그 동안 상당히 많은 일이 있었기에 체감상 3년은 지난 거 같다.

서점 직원, 밴드 매니저, 버스킹, 그림 전시회, 영상 편집 강사, 독서 프로젝트 대표, 요가 지도자 등 상당히 많은 걸 해왔다. 이 모든 것을 할 수 있었던 건, 나에게 붙은 작가 타이틀도 작지 않은 영향을 끼쳤을 거다. 아무리 같은 영역의 일이 아니더라도 책을 냈다는 걸 알면 누구나 관심을 갖기 때문.

하지만 이력서 넣을 때를 제외하곤 어디 가서 작가란 말을 하진 않았다. 책을 내는 과정은 이력서 넣어 회사에 취직해 일을 하는 것과 다름이 없다. 거기다 운 좋게 1쇄할 수 있었던 거라 작가라 불리기 좀 부끄러웠다. 하지만 이젠 2쇄를 내니까 어디 가서 작가라 할 수 있을 듯하다.

지금 내 나이에 다양하게 많은 일, 활동을 해보는 건 상당히 중요하다. 그렇다고 쉽게 할 수 있는 건 아니다. 경제력, 직장, 주변 환경 등 다양한 제약조건과 스트레스가 있기 때문에, 일상 이후 새로운 무언가 하는 건 보통 일이 아니다. 나는 이 모든 걸 친구들 덕분에 해낼 수 있었다. 책에는 친구에 대한 나만의 해석이 담겨있다.

"오로지 나의 경험에 의한 해석이기에 독자분들과 안 맞을 수 있습니다. 하지만 이 또한 독자분들 스스로 '나에게 친구란 무엇인가'에 답할 수 있는 경험할 수 있습니다. 사전에서는 친구를 '가깝게 오래 사귄 사람'이라고 정의합니다. 저는 "함께 성장하며 믿을 수 있는 존재"라 했습니다. 함께 성장하며 믿을 수 있는 존재가 가깝게 오래 사귄 사람이었던 거죠. 여러분에게 가깝게 오래 사귄 사람은 누구였나요?"

친구 만들기, 어렵지 않다

"생의 마지막 날까지 우정이 지속되는 것보다 더 어려운 일도 없다." -키케로

당신은 평생 친구가 있는가? 이 질문에 답할 수 있는 사람은 많지 않다. 평생 친구는 어떤 친구일까? 그런 친구가 존재하긴 할까?

자극과 쾌락의 바닷속에 사는 지금 우리 세상은 친구의 필요는 물론 중요함에도 의문을 제기하고 있다. 세상 모든 궁금증을 해결해주는 SNS에는 이성 사귀는 방법 영상은 많아도 친구 사귀는 법은 거의 없다. 더 큰 문제는 친구를 유지하는 방법에 대해선 아예 다루

지 않는다. 새로 사귀는 것보다 유지하는 게 더 중요하다는 걸 망각해 버린 걸까?

인구과잉 시대는 사람도 소모품으로 만들어 버렸다. 친구끼리 오랫동안 잘 지내다가도 문제 생기면 연을 끊어버린다. 어차피 사람은 많기 때문이다. 사람은 많아서 사람에 연연해할 필요 없다는 말, 들어봤을 것이다. 물론 상처를 주고, 계속 줄 관계는 끊는 게 맞다. 하지만 그게 사람을 쉽게 보란 뜻은 아니다.

스트레스와 모든 갈등이 사람 때문이지만 우리가 죽지 않고 살아가는 이유도 사람 때문이다. 인간관계는 우리 삶과 절대로 떼어놓을 수 없다. 그렇기에 관계를 쉽게 끊는 행동은 자기 발전에 전혀 도움이 되지 않는다. 안 좋은 습관이며 삶을 궁핍하게 만든다. 그래서 평생 친구 사귀기는 인생에서 가장 중요한 자기 계발 목표라 생각한다.

자기 계발하는 목적은 무엇인가? 잘 살기 위해서다. 잘 산다는 말의 기준은 무엇인가? 바로 생산적인 사람이 되는 것이다. 평생 친구를 사귀기 위해선 생산적인 사람이 되어야 한다. 사람이 나이를 먹으면서 자연스레 깨닫는 게 있다면, 세상이 복잡하다는 것이다. 학생 때는 친구와 공부밖에 모르지만, 시간이 지날수록 경제 사정, 취업, 가족, 노후 등 챙겨야 할 게 점점 늘어났다. 고민거리가 많아질수록 친구 관계는 소홀해진다.

만나면 즐겁던 고등학교 친구 관계는 스트레스가 된다. 자기 일과 관련 없는 친구는 자연스레 멀어지고, 별생각 없이 뱉은 한마디가 불씨가 되어 관계를 잿더미로 만들어 버린다. 그 후 지나간 세월과 관계를 생각하면서 모든 것이 부질없고, 허망하다 느낀다. 인간의 삶은 복잡하고 허망할 뿐일까? 평생 친구가 있다면 그렇지 않다.

생산적인 친구 관계가 있다면 세상이 단순해지고 진실해진다. 생산적인 관계란 인생 그래프가 좌하향하지 않고, 우상향하게 하는 관계다. 즉, 서로 올바른 방향으로 이끄는 관계를 말한다. 나와 친구가 생산적인 관계를 갖는다면 이 관계는 평생 간다. 먼저 세상을 떠나도 이어지고, 모두 떠나도 잊히지 않는다. 여전히 남은 사람들에게 방향을 알려준다.

20대의 생산적 관계는 평생 가야 한다. 10대 시절도 중요한 시기지만, 실제로 더 중요한 시기는 20대다. 10대는 사회가 정해준 길을 갈 건지 말 건지를, 20대는 그 길을 바꿀지 말 건지를 결정하는 시기다. 이 시기에 생산적 관계를 갖게 된다면 혼자서는 오래 걸릴 일, 불가능했던 일을 해낼 수 있다. 사회의 첫발을 이런 친구와 함께 딛는다면 당신은 꿈꾸던 인생을 살 수 있다. 시간은 멈추지 않고 계속 간다. 시간이 지날수록 생산적 관계는 갖기 어렵고, 유지하기도 힘들다. 우리에겐 지금 당장 지속 가능한 생산적 친구가 필요하다. 그래서 나는 이 책에서 생산적인 관계, 평생 친구 만들기에 대해 말하고 자 한다.

Chapter 1은 평생 친구 만들기가 불가능한 유형을 설명한다. Chapter 2는 평생 친구가 당신의 인생에 주는 긍정적인 영향에 관해 설명한다. Chapter 3에선 평생 친구가 없으면 벌어지는 일에 관해 설명한다. Chapter 4에서는 평생 친구 만드는 방법을 설명한다. Chapter 5는 친구 관련 편견과 통념에 대한 나의 고찰을 나눌 것이다.

이 책을 통해 당신의 친구 관계를 다시 한 번 생각하길 바란다. 당신의 인생이 생산적인 방향으로 나아가길 응원한다.

본 서에서 등장하는 모든 이름은 가명이며 일치한다 하여도 우연입니다.

Chapter 1
당신이 친구가 없는 이유

Chapter 2
평생 친구는 인생의 성공이다

Chapter 3
친구가 없으면 손해 보는 것들

Chapter4
평생 친구를 20대에 사귀는 여섯 가지 방법

Chapter 5
친구 관계에 대한 고찰

당신이 친구가 없는 이유

친구란 무엇인가?

사전에선 친구를 '가깝게 오래 사귄 사람'이라 정의한다. 동의하는가? 친구는 과학이 아니다. 그렇기에 친구의 정의는 사람마다 다를 수 있다. 같이 노는 사람, 밤에 연락해도 괜찮은 사람 등 다양하다. 다양한 만큼 혼란스럽다. 친구의 정의를 명확히 하지 않으면 책 내용이 이해가 안 되고 납득도 안 될 수 있다. 그렇기에 친구의 정의를 먼저 하고 시작하고자 한다.

친구는 함께 성장하며 믿을 수 있는 존재다. 만나야 좋은 사람이 아닌, 안 만나도 좋은 사람이다. 함께 놀면 즐겁기만 한 친구 말고,

함께 있으면 더 나은 사람이 되게 하는 친구가 좋은 친구다.

우리는 누구나 더 나은 삶을 살고 싶어 한다. 더 나은 삶을 위해서는 가치를 창출하고, 마음을 나눌 수 있는 누군가가 있어야 한다. 가치 창출을 위해선 무언가 만들어낼 수 있어야 한다. 마음을 나누기 위해선 믿을 수 있는 사람이 있어야 한다. 더 나은 삶에는 성장과 신뢰가 필요하다.

컴퓨터나 스마트폰의 가상 세계는 성장과 신뢰를 싫어한다. 가상 세계는 우리가 본능에 충실하고 중독되기를 원한다. 뉴스나 SNS가 자극적인 내용으로 가득 찬 이유다. 그런데 전염병 사태 이후로 가상 세계에 빠져 있는 시간이 대폭 늘었다. 현실 세계보다 가상 세계에 빠져 있는 시간이 더 많아졌다.

사람들은 더 이상 현실 세계에 있어야 할 필요를 잊었다. 가상 세계에는 내가 원하는 모든 것이 있다. 예쁘고 잘생긴 사람, 부자의 삶, 월드클래스 가수를 손쉽게 만나고 경험할 수 있다. 그렇기에 현실 세계의 지루함, 고통을 잊게 해준다. 자극으로 가득 찬 세상을 누구나 쉽게 마주할 수 있다. 부자들만 즐겼던 편하고 즐거운 삶을 나도 누릴 수 있다니! 굳이 맘에 안 드는 직장, 학교, 집에서 고생 안 해도 된다. 만나기도 귀찮고 스트레스만 주는 사람들을 굳이 볼 필요 있나? 친구고 뭐고 다 필요 없어. 나 혼자서도 모든 게 가능해!

가상 세계가 모든 걸 해결해주는 것 같다. 과연 그랬을까? 사람들은 쾌락에 눈이 멀어 현실을 외면했다. 가상 세계에 오래 있던 사람들은 이제 쉬려고 현실로 나왔다. 어라? 내가 알던 세상이 아니다. 방은 컵라면, 배달 음식 쓰레기로 가득하다. 거울을 보니 머리는 떡 지고 얼굴과 뱃살이 늘었다. 조금만 걸어도 숨이 찬다.

　밖을 보니 믿을 수 없는 사람들밖에 없다. 뉴스와 커뮤니티에서 저런 사람들을 조심하라고 했다. 불편하다. 무섭다. 은행에선 OTT 결제 실패 문자가 계속 날라 온다. 지금까지 벌었던 돈은 주식에 물려있는데, 어떡하지?

　그래서 친구가 필요하다.

당신은 인간적입니까? 동물적입니까?

　당신의 관계는 동물적인가 인간적인가? 인간은 욕망과 의무 사이의 균형을 잡으며 살아간다. 먹고, 자고, 관계를 맺고 싶어 하는 동시에, 욕망을 참고 견디며 주변과 사회를 지키려고 노력하며 산다. 그런데 균형 잡기를 포기하고 쉽게 살아가려고만 하는 사람들이 있다. 대체로 의무는 가볍게 보고 욕망에 사로잡힌 삶을 산다.

　동물적 인간은 이기적이며 탐욕스럽다. 인간적인 면은 거의 보이지 않으며 기회주의자처럼 행동한다. 누군가 밥을 산다고 하면 득달같이 달려들고, 팀별 과제 과제를 할 때도 거머리처럼 착 달라붙는다. 자기 행동이 잘못되었음을 알지 못하고, 하고 싶은 말과 행동을 다 하고 다닌다. 상황 파악을 못 하는 건지 안 하는 건지 알 수 없다. 인간성 상실은 사회성을 잃고, 짐승이 되었음을 의미한다.

왜 사람을 사귀는데 급을 나누는가?

    우리는 청소년 시절 일진, 찐따와 같은 계급을 나누고 부르는 걸 경험한다. 당연히 없어져야 할 악습이다. 일진 문화는 단 한 번도 없었던 적이 없다. 조선 시대 서당에도 있었을지 모른다. 일진 놀이 같은 악습은 아무리 막아도 사라지지 않는다. 왜 그럴까? 해결책이 없어서 그럴까?

    인간은 동물이기 때문이다. 사회에 약육강식이 사라지지 않는 이유도 그렇다. 인간의 약육강식은 지배욕으로 나타나는데, 바로 일진 문화가 이 지배욕의 상징이다. 지배자는 자원을 차지하고 통제가 유리한 위치에 선다.. 인간은 그런 이유로 계급을 만들어 수직관계를 세웠다. 과거에는 수직관계를 신분제로 공고히 했지만, 신분제가 폐지된 현대사회에도 지배욕은 보이지 않는 계급을 나누려고 물밑작업을 계속하고 있다. 어떻게든 나와 급을 나누려는 욕구! 신체·정신의 성장기인 청소년기는 동물적 본능을 표출하는 시기라 욕구가 노골적으로 드러난다.

문제는 이 인간의 본능을 다스리지 않는 사람들이다. 우리가 교육받는 목적 중 하나는 본능을 다스리기 위해서다. 교육은 동물에서 인간이 되는 과정인 셈이다. 사회에서 인간답게 행동하기 위해 청소년기에 교육받는 것이다. 그런데 본능을 다스리려고 노력조차 하지 않는 이들은 성인이 되어서도 계속 본능대로 살아간다.

실제 사례로, 동기보다 나이 많은 대학생 홍석이 나이를 빌미로 동기들을 깔보고 무시하며 폭력을 행사한 사건이 있었다. 홍석은 평상시 약점이나 비밀로 동기를 협박하는 게 취미였다. 선배한테는 싹싹하게 굴고 후배한테는 관대했던 그는 동기들만 보면 괴롭히지 못해 안달이었다. 홍석에겐 수평관계는 없고 오로지 수직관계만 존재했다. 그렇게 홍석은 과에서 못된 사람이 되었지만, 본인만 모르는 상태로 군대에 갔다가 복학을 했다. 많은 이들이 군대에서 많이 맞았을 거 다 예상했지만 요즘 군대는 폭력을 행사하지 않았다. 전역빵만 실컷 맞고 전역한 김홍석은 복학 초부터 3년 지난 옛날이야기로 동기들을 괴롭혔다.

신고하기에도 모호했기에 홍석의 추악하고 행복한 나날은 계속될 거 같았다. 하지만 봄날은 오래가지 못했다. 때는 학기 초 개강총회 회식, 차기 학생회장을 꿈꾸던 홍석은 본인의 존재감을 확실하게 드러냈다. 1차에선 늘 그랬듯이 선후배에겐 싹싹하고 관대하게, 동기에겐 폭언과 협박을 선사해주었다. 한두 번도 아니었기에 그냥 넘기고 2차로 왔다. 사건은 2차에서 터졌다.

술을 마시던 홍석은, 한 학번 위지만 나이는 어린 선배 김지연이 옆에 앉은 본인을 아는 척하지 않는 것에 분개했다.

"야, 니 왜 나한테 인사 안 하냐?" 홍석이 말했다.

"누, 누구세요?"

지연은 처음 보는 사람이 말을 걸었기에 당황했다.

홍석이 언성을 높이며 말했다. "니 김지연이잖아. 너 번호 내 폰에 저장돼 있어"

"진짜 몰라요."

지연은 모르는 사람이 번호를 안다고 하니 순간 무서워졌다.

"니 원유형이랑 사귀잖아. 그거 확 다 까발린다."

홍석은 협박을 시전했다.

그때 지연의 친구가 등장해 알지도 못하는 사인데 왜 그러냐며 지연을 보호했고 싸움이 커졌다. 폭언과 욕설이 오가며 싸우던 찰나 홍석이 결국, 주먹을 들고 말았다.

순간 주변에 있던 평화유지군 선배들이 개입해 사태는 수습되었고, 홍석은 밖으로 끌려 나가 교육받고 돌아갔다. 그 이후 홍석은 수업 이외엔 어디에서도 찾아볼 수 없게 되었고, 학과엔 평화가 찾아왔다. 회식 당시, 홍석이 어떤 교육을 받았는지 지금까지도 알려지지 않았다.

본능에 충실한 이들은 자신보다 나이가 어리거나 학년, 경력이 적은 사람들을 내려보고, 하대한다. 남성들의 필수코스인 군대를 보자. 계급사회는 지배욕을 실현하기 적합한 환경이다. 입영하는 군인들의 나이는 대체로 20대 초반이다. 정신적으로 미숙하고, 청소년기의 본능이 버젓이 살아있는 사람들이 군대에 가면 어떤 일이 벌어질까? 굳이 말하지 않겠다.

본능에 충실한 사람들은 술을 좋아한다. 쉽고 빠르게 동물이 될 수 있는 가성비 방법이기 때문이다. 술집에 가보면 소리 지르고, 싸우고, 펄쩍펄쩍 뛰면서 춤추는 사람들을 볼 수 있다. 분명 재밌긴 한데 불편하기도 하다. 우리에게도 피해를 주기 때문이다.. 술을 과하게 즐기는 사람, 기분 좋게 마시는 정도가 아닌 다른 사람에게 피해를 주는데도 자주 마시는 사람들은 본능에 충실하다고 볼 수 있다.

본능을 다스리지 않는 사람들은 다른 사람들을 불안하게 하고, 불쾌한 감정을 느끼게 한다. 그렇기에 본능에 충실한 사람은 친구를 오래 유지할 수 없다.

인간은 만물의 영장이라는 말이 있다. 그런데 이 말이 무색하게도 대부분 사람은 무언가 창조하기보단 파괴하기를 더 잘한다. 집 안을 어지르고, 몸에 해로운 것을 먹고, 일하기보단 놀기를 좋아한다. 질서를 세우기보단 혼돈에 휩쓸리기를 좋아한다. 인간은 동물이기 때문이다.

그래도 우리가 현재와 같이 평화로운 일상을 보낼 수 있는 건 질서를 세우는 사람들 덕분이다. 그들은 더 게을러지고 싶고 어지럽히고 싶어도 인간적인 삶을 위해 일어나고 정리한다. 새로운 것을 창조하고, 규칙을 지키고, 봉사하고, 배려한다. 사회를 지키려는 인간적인 삶은 질서에서 나온다. 당신의 친구 관계도 그래야 한다.

50세 남탓충 소년

　사람은 계기가 없으면 평생 어리숙한 소년의 마음으로 살아간다. 소년은 충동적이고, 한계를 모르며 사물이나 사람 간 관계를 이해하지 못한다. 하기 싫으면 때려치우고, 통제할 수 없을 만큼 일을 벌이며 친구는 알아도 가족은 모른다. 항상 일을 저지르고, 잘못되면 남탓한다. 잘못을 인정하지 않고 빡빡 우기다, 상대가 마지못해 사과하면 자기가 이겼다고 좋아한다. 자신의 미성숙함을 깨닫지 못하면 평생 소년으로 살다 가는 거다.

　졸업논문을 쓰고 있는 대학교 4학년 두송희 씨의 사례를 들어보자.

때는 3학년 12월, 교수님이 논문 작성을 위해 첫 미팅을 잡으셨다. 인사는 안 하지만 다 아는 얼굴이었다. 그중에는 불쾌한 동기, 막말 이상우도 있었다. 이상우는 1학년 때부터 폭언과 위계로 사람을 피곤하게 했던 빌런이었다. 최근엔 같이 다니는 동기, 후배도 없는 듯하다. 시간이 많이 흘러 조용해진 거 같긴 하지만 긴장을 놓을 순 없었다. 교수님께서는 자기가 임의로 지정하는 건 원치 않을 테니까 알아서 2~3명씩 팀을 짜라고 하신다. 한창 설명 중이신데, 송희의 폰에서 진동이 울린다. 이상우의 메시지였다.

　"잘 생겼네." 최악이다. 여자한테 잘 생겼다고 말하는 사람도 있나 싶다. 심지어 마지막으로 보낸 메시지가 3년 전 "안녕하세요" 다. 분명 같이 팀 하자고 할 속셈인 거 같은데 어떻게 말해야 할지 모르겠다.

　"그래." 이러면 알아듣겠지 싶었다. 바로 답장이 온다.

　"같이 팀 하자." 알아듣긴 커녕 단도직입적으로 나온다. 'ㅇㅇ 라고 보냈어야 했나?' 송희는 어떻게 거절해야 할지 고민했다. 제발 다른 사람들이 먼저 다가와 주길 바라며 식은땀 흘린다. 일단 읽지 않고 설명을 들었다. 또다시 진동이 울린다.

　안 읽는다고 헛소리하나 봤더니, 다른 사람이다. "누나, 저랑 팀 하실래요?" 한 학번 후배 이도일이다. 1학년 때 개강총회 이후론 거의 본 적도 없었다. 정말 고맙다. 바로 수락했고, 한 명만 더 구하면 된다. 송희는 다른 사람들에게 연락을 해봤지만, 아는 사람끼리 팀을 한 모양이다. 그냥 둘이 할까 고민도 했지만, 논문이란 쉽지 않은 과제였다. 시간도 많이 흘렀는데 변하지 않았을까 하는 마음으로 이상우를 합류시켰다.

첫 미팅은 순조로웠다. 진지한 분위기에서 기획 회의를 잘 끝냈다. 어떻게 쓸지 구상 다 끝냈고, 파트별로 자료수집도 해오기로 했다. 이상우가 의외로 협조적으로 나와 놀랐다. '이게 시간의 힘인가?' 송희는 안도했다. 자료수집 이후 여러 차례 미팅했다. 도일이 개인 사정으로 불참한 날이 있었다.

"야, 솔직히 이도일이 한 게 뭐냐?"

이상우가 불만 섞인 말투로 말했다.

"왜?"

송희는 올 것이 왔다고 생각했다.

"자료수집도 제대로 안 해오고, 아무것도 안 하잖아."

이상우는 불만을 토로했다.

"그래?"

송희는 이상우가 자기비판 하는 것으로 들렸다. 이상우나 도일이 준비해온 자료는 내용만 다르지 퀄리티는 비슷했다.

이상우는 그다음부터 본모습을 드러냈다. 도일에겐 이론 수집하는 걸 맡기고, 이상우와 송희는 1년 치 데이터를 반반씩 나눠 분석하

기로 했다. 미팅 전날 밤, 이상우는 데이터 이상하지 않냐는 메시지를 보냈다. 자신의 데이터는 멀쩡한데다

국가기관에서 나온 데이터가 뭐가 이상한지 이해를 할 수 없었던 송희는, 무시하고 데이터를 분석했다. 다음날, 세 명이 모였고, 각자 맡은 과제를 제출했다.

"해왔어?"

송희가 이상우에게 물었다.

"아니."

이상우가 말했다. 설마 했던 일이 벌어졌다.

"왜?"

송희는 어이가 없었다.

"니가 답 안 해줬잖아."

이상우는 먼 곳을 쳐다보며 말했다.

"지금 나 때문에 안 했다는 거야?"

송희는 진짜 어이가 없었다. 예상은 했지만 저런 이유를 댈 거라 곤 상상도 못 했다. 이상우는 웅얼웅얼하곤 말았다. 송희는 아직 시간 여유가 있으니 침착하게 회의를 진행했다. 끝날 때쯤, 송희는 다시 한번 과제를 냈다.

"도일이는 4번 이론 좀 더 보강해줘. 나는 이번 데이터 분석해서 그래프랑 표 만들게. 그리고 상우는 어제 안 해 온 거 해와." 송희는

이상우가 자기 과제를 제발 해오길 바라며 둘이서 할 양을 혼자 맡았다.

과제를 듣자마자 이상우가 말했다.

"니가 젤 쉬운 거 하네."

송희는 무시하고 회의를 마쳤다. 자기가 안 한 거 해오라 했더니 돌아오는 말이 저런 식이라니. 송희는 기가 찼다. 다음 미팅에서는 송희가 데이터 중 하나를 잘못 넣어서 그래프가 엉망이 된 게 발견되었다. 이상우는 그 세를 못 참고 "두송희가 멍청해서 그래." 라고 말했다. 도일은 아무 말 하지 않았다.

다음 날엔 도일이 송희를 찾아와서, 저 사람이랑 못하겠다고 하소연했다. 송희도 그랬다. 그래서 교수님께 말씀드렸지만 이미 진행 중이고, 쟤도 졸업시켜야 해서 어쩔 수 없다고 하셨다. 둘은 낙담했지만, 방법이 없었다. 그래서 송희는 이상우를 배제하기로 했다. 미팅할 때도 도일과 둘이 하고, 논문도 둘이 썼다. 이상우는 팀을 잘 만나 폐만 끼치고 졸업할 수 있었다.

이 사례를 통해 남 탓만 하는 무책임한 사람이 주변인들에게 끼칠 수 있는 영향을 확인할 수 있었다. 누군가는 욕하며 싸웠어야지 왜 그냥 넘어갔냐고 할 수 있겠지만, 오히려 아무 말을 안 하는 게 더 잔인할 수도 있다. 이상우는 크게 깨우칠 계기가 없다면 평생 저렇게 살아갈 거다. 50세가 되어도 나이만 먹었지, 어른이 아닌 사람은 너무나 많다. 이 사람들은 아무도 교정을 해주지 않았던 걸까, 아니면 해줘도 무시했던 걸까?

성숙해지는 것은 시간이 알아서 해결해 줄 문제가 아니다. 계기가 있어야 하고, 의도적 노력도 해야 한다. 자신의 미성숙함이 부끄러워진다면 준비가 된 것이고, 롤모델을 찾든 책을 읽든 여러 방법을 찾아서 바뀌려고 노력해야 한다.

만약 바뀌지 않는다면 평생 생존하기 위해서만 살고, 슬프고 화나고 두려운 상태일 것이다. 남들과 비교하며 남 탓하고 스트레스 받아야 한다.

성악설, 인간은 사악하다?

한국인이라면 누구나 한 번쯤은 들어봤을 성악설. 사람의 본성은 본래 악한 것일까? 최초의 성악론자 순자의 의도는 그런 게 아니었다. 본성이 악한 게 아니라 본성을 따라가면 악해진다고 말했다. 본성은 자연 상태, 즉, 동물로서 성질을 뜻한다. 본성은 자기를 위한 이익만 좇는다. 동물은 배부르고 편한 상태를 원한다. 우연히도 탐욕스러운 빌런들은 누워 있다.

순자는 본성을 어떻게 다스리라고 말할까? 황당하겠지만 본성에 반대되는 행위를 하면 된다고 한다. 이 행위는 인위적이고 후천적인 노력이 필요하다. 실제로 생각해보면 무언가 나눠주고, 부지런한 건 쉬운 일이 아니다. 기부와 봉사, 낮엔 일하고 밤엔 공부하는 것은 상당한 의지가 있지 않은 한 하기 어렵다. 경험상으로 이런 사람은 좋은 평가를 받고, 본성대로 하는 사람은 좋은 평가를 받지 못한다. 놀러 가서 운전하고, 고기까지 굽는 친구는 언제나 환영받는다. 그러나 놀고 먹기만 하는 친구는 버리고 싶다.

본성과 반대로 가는 길엔 엄청난 고통이 따를 것이다. 평소보다 시간과 에너지를 더 써야 하기 때문이다. 얼마나 억울하고 자존심 상할지 안다. 하지만 그만큼 관계의 질은 높아진다. 이는 운동과 같다. 훈련하면 할수록, 강도가 높아질수록 고통은 커지지만, 결과 또한 좋아진다. 관계의 질이 인생의 고통과는 상관없을지 몰라도 의도적 고통과는 비례한다. 고통을 감수하며 변화하고 있다면 인간이 되어가고 있다는 뜻이다.

인생은 고통이다

중국 산악지방의 삶을 다룬 다큐멘터리를 보면, 밧줄과 나무판자 몇 개 꽂아놓고 절벽을 건너는 사람들이 나온다. 방송에서는, 이 사람들이 죽음의 위험을 무릅쓰고 건너는 모습에 감탄하며 이런 자세를 배워야 한다고 말한다. 최악의 메시지다. 죽지 않았으니 다행이라는 태도를 배워야 할까? 이런 곳에서도 사는데 우리는 감사해야 한다는 걸까? 정말 잔인하고 오만한 생각이다. 다리를 놓거나 더 나은 방법을 찾아야 한다. 최저생활도 보장하지 못하는 구조는 개선하거나 갈아엎어야 한다.

죽지 않을 정도로만 살겠다는 태도는 본인의 한계를 최저에 맞춰버린다. 학업, 업무에 치이고, 미래에 짓눌리기 때문이다. 남녀노소 누구나 이렇게 산다. 인생은 고통스럽다. 배고픔, 목마름, 하고 싶은 거 못함 전부 고통이다. 고통스러운 삶을 끝낼 순 없을까? 없다. 인생의 기본값은 고통이다.

에너지 소비 최소화 전략

인간도 자연물이다. 자연은 물리법칙을 따른다. 따라서 인간은 물리법칙을 따른다. 자연에서 에너지는 큰 쪽에서 작은 쪽으로 흐른다. 세상 만물이 그렇다. 물은 높은 곳에서 낮은 곳으로 흐르고, 대기업이 중소기업을 먹여 살리며 군자가 소인을 가르친다. 질서는 무질서를 향한다. 창조와 질서를 세우는 사람들도 있지만 사람의 기본값은 파괴와 혼돈이다. 기본값을 이겨내고 흐름을 바꾸는 과정은 엄청난 에너지 소모가 일어난다. 그렇기에 보통 사람들은 현상 유지 및 파괴를 택하여 살아간다. 이것이 에너지 소비를 최소화하는 전략이기 때문이다.

에너지 소비는 줄이고, 자원을 많이 갖고 싶어 하는 건 인간의 본능이다. 로또 당첨, 권력 추구, 뇌물 비리, 발가락으로 선풍기 틀기 등 모두 같은 맥락이다. 있는 그대로 살기, 물 흐르듯 살기 모두 본능에 순응하는 태도다. 순응하며 덜 움직이고 많이 먹으려는 태도를 에너지 구두쇠 전략이라 부르겠다. 삶을 대하는 태도에는 정답은 없다. 그러나 에너지 구두쇠 전략을 취하면 야생 인간으로 살 수밖에 없다. 본능과 감각에 충실한 삶은 무언가 성취하는 데 큰 도움이 되진 못한다. 자신의 운명을 오로지 운에 맡기기 때문이다. 삶의 종착역이라면 이런 태도도 괜찮겠지만 에너지가 넘칠 때는 그러지 말아야 한다. 젊었을 때부터 에너지 구두쇠 전략을 추구하는 건 비효율적이다. 에너지 구두쇠 삶의 끝엔 공허만이 존재할 뿐이다. 에너지 구두쇠 전략은 에너지 소비를 최소화할 수 있을까? 전혀 아니다. 게으른 태도는 그저 지금 소비할 에너지를 나중으로 미루는 것이나 다름없기 때문이다. 에너지 부채는 복리로 불어나기 때문에 예상보다 더 크게 소비된다. 갈등 때문에 사이가 멀어진 친구와 빠르게 문제를 해결하지 않으면, 피하거나 견뎌야 해서 에너지 소비가 크다. 규칙적으로 방 청소하지 않으면 물건들의 제자리라는 개념이 상실된다. 그렇다면 실제로 에너지 소비를 최소화하는 전략은 무엇일까?

　　소비와 저축이 조화로워야 한다. 한쪽으로 치우쳐져 있으면 쓰러지기 마련이다. 과하지 않고, 모자라지 않을 정도, 즉, 균형, 조화로운 에너지 소비가 에너지 소비를 최소화하는 비법이다. 조화로운 에너지 소비는 어떻게 해야 하는 걸까? 정답은 개인마다 다르다. 주어진 기본값이 다르기에 알아서 찾아야 한다. 정답을 찾는 방법은 기록이다. 자신이 언제, 어디서, 어떤 상황에서 누구한테 왜 그렇게 행동했는지 적어야 한다. 기록해놓고 정리하고 분석하다 보면 언제 최상의 상태를 보였는지 알 수 있다. 그것을 알고 나면 상황과 환경을 조화롭게 조정할 수 있다.

조화로운 에너지 소비는 에너지를 발산시킨다. 사람들은 이 에너지를 느낄 수 있다. 인간 세계에서 에너지는 영향력, 후광, 아우라, 열정 등 다양한 단어로 표현된다. 보이지 않는 영역이다 보니, 믿음이 가지 않을 수 있다. 하지만 실제 에너지 넘치는 사람과 함께 있다 보면 같이 있고 싶고, 친구가 되고 싶단 느낌이 든다. 생산적인 친구 관계를 갖기 위해선 당신도 에너지를 발산할 수 있어야 한다.

왜 친구들을 무시할까?

인간은 모두 다르다. 먹는 것이 다르면 체질이 다르고, 체질이 다르면 생각이 다르다. 형제, 자매, 일란성 쌍둥이도 모두 다르다. 사람이 모두 다르다는 사실은 누구나 다 아는 사실이다. 다 아는 사실이라는 게 함정이다. 알기만 알지, 이를 인정하고 그것에 맞게 행동하지 않는다.

차이를 인정하지 않으면 상대방을 이해할 수 없고, 이해할 수 없으면 존중할 수 없다. 그다음 단계는 무시다. 업신여기고 깔본다는 건 상대방의 자존감을 무너뜨리는 짓이다. 이런 말과 행동을 자주 하다 보면 친구들이 사라지는 기적을 경험할 수 있다.

한 가지 사례를 들자면, 입대하는 후배 3명에게 인터넷 편지를 써준 적이 있다. 이 친구들도 과거 나처럼 입대 전에, 아무 말이나 해도 좋으니 제발 편지 써 달라는 말을 했었다. 입대 전 심정을 충분히 알기에 자주 쓸 테니 걱정하지 말라 했다. 실제로 군 생활 팁, 평상시 하던 생각 등 정말 아무 주제로 15편 이상 썼다.

두 명은 답장도 오고 퇴소하면서 고맙다는 연락도 왔었다. 편지 많이 써줘서 심심하지 않았다고 말하기에 오히려 내가 더 고마웠다. 한 명은 끝까지 답장도 연락도 없었다. 그럴 수 있다는 생각에 그냥 잊고 넘어갔다.

그렇게 몇 달 후, 그 친구가 학교에 놀러 왔다. 다른 후배까지 총 3명이 함께 오랜만에 대화를 나누다가 편지에 관해 물어봤다. "내가 써준 편지 잘 도착했었어?" 그 친구는 받았다는 말과 함께 어이없다는 표정을 지으면서 "아니, 근데 무슨 쓸데없는 소리만 적었어." 라고 답했다.

순간 충격 받아서 말이 나오지 않았다. 이상한 소리만 적었다는 말을 계속하는데, 여전히 말이 나오지 않았다. 도대체 이 친구는 뭘까, 해석은 자기 마음대로 할 순 있겠지만 저렇게까지 성의를 무시해도 되는 건가 싶었다. 다른 후배들한테 고마웠다는 말을 들었던 상태라서 그랬던 걸까 며칠 간 충격이 가시질 않았다.

사실 이전까진 이 친구에 대해 잘 몰랐는데 나중에 알고 보니, 평상시 동기들한테 선배들과 놀았던 걸 자랑하고 친구들을 업신여겼다고 한다. 오만과 허세가 몸에 밴 친구였다.

사람이 자기 잘난 맛에 살면 오만해지고, 오만해지면 사람을 무시한다. 사람은 무시를 받으면 자존감이 하락한다. 자존감은 인간의 기본 욕구로서, 충족되지 않으면 충족시켜주는 곳으로 떠난다. 그렇기에 오만한 사람은 친구가 없다.

자기중심 사고가 성장을 방해한다

사람이 수직관계에 취하면 오만해진다. 오만해지면 자신은 과대평가하고 타인은 과소평가한다. 역시 나만한 사람이 없다며 자아도 취하고 세상 모든 일이 본인 손에서 해결되는 줄 안다. 즉, 세상이 자기를 중심으로 돌아간다 생각하는 거다. 자기중심 사고방식은 미성숙한 사람의 전형적인 특징이다. 성숙한 사람과 미성숙한 사람의 차이는 자신이 사회에 미치는 영향을 인지하고 있느냐에서 나온다. 사람은 대부분 상황에 따라 말과 행동이 달라진다.

미성숙한 사람은 자신이 세상과 연결되어 있다는 걸 모른다. 그렇기에 자기 마음대로 하고, 타인을 신경 쓰지 않는다. 자신이 해준 것만 생각하고 남이 해준 것, 남이 어떻게 생각하는지는 생각하지 않는다. 이는 나이가 많아도 마찬가지다. 나이가 많아도 미숙한 사람들은 나이를 무엇으로 먹었냐는 말을 자주 듣는다. 생각나는 대로, 필터링 없이 말을 하며 감정을 표출한다. 단어 선택 역시 고등학생 때 그대로다. 왜 자신을 포장해야 하냐며 따지고, 그런 건 위선이라고 훈계한다.

　사람은 모두 보이지 않는 힘을 갖고 있다. 그 힘은 사람을 밀어내거나 당긴다. 미숙한 사람은 사람을 밀어내고, 성숙한 사람은 당긴다. 성숙한 사람은 안정적이고 긍정적이다. 세상과 자신이 연결되어 있음을 알고, 주변 세상에 불안감을 안겨주지 않는다. 악재가 터지더라도 사람들은 그가 바른 선택을 할 것임을 알고 있다.

친구관계는 수평관계여야 한다

사람 관계는 수직관계와 수평관계로 나뉜다. 수직관계는 지위, 신분, 계급에 따라 나누어진다. 수평관계는 수직관계가 아닌 관계를 말한다. 인간은 태생적으로 우월감 콤플렉스를 갖고 있다. 타인과 비교하며 자신이 우월한지 열등한지 자연스레 비교하려 든다. 비교가 끝나면 수직관계를 맺는다. 그런데 이 태생적인 문제가 친구 관계에 악영향을 끼친다.

친구 간 수직관계는 경험상, 청소년기엔 신체적 우월함에서 나온다. 그 결과, 몸싸움이 잦고, 공격적인 성향이 강하다.

신체적으로 우월하지 않아도, 지지 않기 위해 공격적인 모습을 띠

곤 한다. 주머니에 손을 넣고, 딱 붙는 교복을 입으며 자기 신체를 드러낸다. 흡연이나 음주하면서 자신은 성인과 다름없음을 표현하기도 한다. 자신과 다르게 사회적인 친구들을 열등하게 바라보며 우월감에 취한다. 일진은 우월감을 얻기 위해, 다른 친구는 비굴한 평화를 위해 함께 논다.

상대가 원하는 걸 많이 갖고 있을 때, 권력이 생긴다. 사람은 권력을 쥐기 전후가 다르다. 권력을 갖기 전과 후의 뇌 구조가 다르다는 연구 결과도 있다. 권력은 사람을 취하게 만든다. 자만심에 빠지게하고, 자기중심적 사고방식을 갖게 된다. 잘못된 친구 관계를 맺고 있으면서, 이런 부작용까지 갖게 된다면 그 결과는 차마 말할 수가 없다.

인간으로 태어난 이상, 수평관계를 유지한다는 건 정말 어려운 일이다. 자연스럽게 수직관계를 추구하기 때문이다. 그렇기에 항상 수평관계를 유지하려고 노력해야 한다. 친구를 가르치려 들고, 명령한다면 고칠 필요가 있다.

친구 관계는 수평적이어야 한다. 이런 마음을 가져야 본능을 제어하며 지속가능한 관계로 이어질 수 있다. 수직관계는 서로 원하는것이 다름에서 시작된다. 원하는 게 다르면 거래관계가 될 수 있으며, 거래관계에선 감정 교류가 생기기 어렵다. 감정 교류가 적으면신뢰감도 적다. 한 명이 그 욕망을 더 많이 원하게 되면 수직관계가 된다. 그렇기에 서로 다른 욕망을 갖고 만난다면, 건강한 친구 관계라 말할 수 없다.

수평관계를 유지하고 싶다면 공감하고 겸손해라. 친구와 나는 서로 다르고, 100% 이해할 수 없는 존재다. 하지만 이해하려고 노력해야 한다. 그렇지 않으면 친구가 틀렸다고 생각하고 고치려 할 거다. 친구의 다름을 인정해라. 그러기 위해 공감하라.

수직관계 본능 때문에 내가 친구보다 낫다는 생각이 든다. 그럴 땐 친구를 배움의 대상이라 생각해라. 우리는 각자 다른 삶을 산다. 그렇기에 내가 상대보다 낫다고 생각할 수 없다. 유교를 정립한 공자 또한 어린아이에게 배움을 얻기도 했다. 그렇기에 항상 겸손해야 한다.

내 경험이 곧 진리다

대화를 하다 보면 자기 경험에 힘줘서 이야기하는 사람들이 있다. 이 사람들은 친구가 자신의 실수나 억울한 경험을 풀면, 꼭 훈수를 둔다. 자기 경험만으로 타인을 훈수하기 좋아하는 사람들을 지칭해 훈수파라 하겠다.

훈수파는 주도권을 갖기 위해 대화 중간에 끼어들기를 자주 한다. 그리고 주로 하는 말은 "니가 그러니까~", "그럴 줄 알았다", "내가 ~하라 했잖아." 등이 있다. 훈수파는 모르는 게 없다. 미래를 볼 줄 알고, 모든 상황의 해답을 알고 있다. 얼마나 많은 성공을 했는지, 인생의 진리를 설파한다.

친구 사이의 훈수파는 대체로 선행학습을 한 사람이다. 중고등학생 때는 술, 담배, 연애, 20대 초반에는 군대, 극한 아르바이트를 경험했다. 남들보다 일찍 무언가 했다는 자부심이 대단하다.

절대다수인 비훈수파는 훈수파의 이야기를 들으면 어떻게 생각할까? 풍요로운 정신을 가진 사람들은 '아 저렇게 생각할 수도 있구나!'라고 생각한다. 그러나 일반적인 사람들은 '또 꼴값 떤다.'

사람들이 훈수파를 싫어하는 이유는 타인의 영역을 침범하기 때문이다. 남의 인생에 사사건건 개입해서 "뭐 하지 마라", "그렇게 살면 안 된다."라고 훈수를 두는 건 오만한 행위다. 정작 하란 대로 했다가 잘못되면 네 잘못이라 한다. 인생 경력 500년도 아니면서 자기 경험이 진리라고 말하는 것, 책임지지도 않을 거면서 훈수를 남발하는 것은 고쳐야 한다.

선을 넘는 이유

친구 관계를 유지하고 싶다면 선을 넘지 말아야 한다. 말과 행동이 상황에 맞지 않거나 수위가 과도하게 높으면 선을 넘었다 한다. 상황 파악을 못 했거나 정보가 부족해서 선을 넘는 경우도 있다. 이런 경우엔 자초지종을 설명하고 사과하면 수습할 수 있다. 문제는 항상 선을 넘으면서 고치려 하지 않고 정당화하는 사람들이다.

선 넘는 자들은 본인의 해석은 팩트에 근거한 것이니 문제없다고 한다. 얼마나 당당한지, 그 모습조차도 선을 넘어버린다.

선 넘는 행위는 사람을 불쾌하고 두렵게 한다. 사람마다 기준이 달라 정의하기 애매하지만, 자존감과 안전을 위협한다는 공통점이 있다. 폭언, 욕설, 폭행 모두 선 넘는 행위다. 이런 행위를 당했을 때 드는 모욕감과 배신감은 말로 표현하기 부적절할 정도로 강렬하다.

술자리에서 술 안 마신다고 하면 굉장히 언짢아하는 분위기, 친구들끼리 놀러 가는 데 참여하지 않아 배신자로 낙인 찍혀본 경험이 있는가? 다음날 일정이 있거나 건강 때문에 참여하지 못하는 것 인데도, 불참자를 모욕한다. 그들은 나보고 선 넘었다 그러고, 나는 그들을 선 넘었다 한다. 이런 집단 vs 개인 갈등은 한국 특유의 가족 확장성과 관계주의 문화 때문이다.

한국인은 실제 가족을 넘어서 사회까지 가족의 범위를 확장한다. 아빠의 친구는 삼촌, 엄마의 친구는 이모라 부른다. 나의 엄마가 아닌 우리 엄마, 우리나라 등 주변 모든 사람이 네가 아닌 우리다. 모두를 가족이라 생각해서 그런지 말을 필터링하지 않고 함부로 한다. 가족끼리도 그러지 말아야 하는데 말이다.

선 넘는 행위는 웃을 때 친구를 너무 아프게 때린다던지, 친구의 약점으로 노골적인 드립을 친다던지 등 다양하다. 이런 행위를 당하면 정신, 신체적으로 충격을 받는다. 선을 넘는 행위는 충격량과 빈도에 따라 결정된다. 한 번에 큰 충격을 줄 때도 있지만, 여러 번 작은 충격을 주기도 한다. 박리다매하듯이 여러 번 작은 충격을 주는 경우엔, 당하는 사람이 한마디 하기 애매하다. 그걸 노리고 계속 충격을 주는 사람도 있다. 한 번 충격량이 작을 뿐이지, 충격총량은 누적된다. 그 총량이 기준을 넘으면 연 끊기니 그만 하라.

인간의 본능 중에는 부정본능이 있다. 부정본능은 좋은 것보다 나쁜 것에 주목하는 성향이다. 몇몇 사람들은 타인을 비난하고 욕하는 것을 즐긴다. 하지 말라고 하면 "왜? 거짓말한 것도 아니잖아." 하면서 폭언을 일삼는다. 순전히 자신의 재미를 위해 타인을 비방하는데 주변에 남아있을 사람이 있겠는가? 재미를 위해 사람을 괴롭히는 사람은 충동적이며 믿을 수 없다. 더 큰 쾌락을 위해 더 심한 행동을 하게 되고, 그 대상이 누가 될지 알 수 없다.

극단적인 사람

극단적인 사람은 불안하다. 주변 사람들을 불안하게 한다. 본인
도 감정적으로 불안하다. 평상시 "자살 해야겠다.", "진짜 때리고 싶
네." 등 파괴적이고 폭력적인 말을 들어보거나 해본 적이 있을 거다.
이런 말을 들었을 때 어떤 생각이 드는가?

고등학교 1학년 1학기, 황태완은 친절하고 재미있는 성격 덕에 친
구가 많았다. 태완은 친구가 많았지만 그 중 한 친구를 정말 좋아했
다. 친구 나승수였다. 승수는 타지에서 왔고, 잘 생겼다. 태완은 승수
에게 시간을 더 쓰기 시작했다. 태완은 승수와 있는 시간이 좋았다.
학기 말, 승수는 친구들이 시골 출신이라 놀리는 것에 폭발했다.

2학기, 승수가 변하기 시작했다. 장난을 주고받을 때, "이거 참 승수롭구먼."이라며 받아주던 친구가 "나가 죽어."라고 한다. 처음에는 재미있게 넘어갔다. 승수는 태완의 팔을 때리기 시작했다. 태완이 입만 열면 "그냥 죽어.", 공부할 때 "포기하면 편해.", 그만하라 하면 "그래, 내가 잘못했지. 자살 해야겠다." 태완은 승수가 힘든 일이 있나 싶었다. 본인이 잘못한 게 있나 불편했다.겨울방학, 둘은 학교에서 하는 자율학습캠프에 참여했다. 오전 9시부터 새벽 12시까지 공부했다. 승수는 태완에게 여전히 극단적이었다. 하루는 태완이 승수의 폭언과 폭행에 못이겨 팔을 한 대 때렸다. 승수가 멈췄다. 눈은 그대로, 입만 씨익 웃더니

"이제 쌍방이네?"

태완은 소름끼쳤다. 생각해보니 여태 태완은 승수에게 제대로 대응한 적이 한 번도 없었다. 그만하라고 말한 적은 있어도 감정적으로 대응한 적은 없었다. 태완의 주먹으로 승수는 면죄부를 받았다 생각한 게 분명하다. 친하게 잘 지냈었는데 어쩌다 이렇게 된 걸까? 태완은 직접 물어보긴 어려워 다른 친구에게 부탁했다.

"네가 착해서 싫대."

착해서 싫다니 이게 무슨 말인가? 승수는 과거 태완이 웃는 모습을 봤었는데, 한 쪽 입꼬리만 올린 채로 비웃는 게 악마 같았다고 한다. 승수는 친절한 척하는 악마의 속내를 꺼내고 싶어 그렇게 괴롭

했다고 고백했다. 태완은 트럭에 치인 기분이었다. 태완은 승수를 진짜 친구라 생각했었다. 여태까지의 선 넘는 행동들이 그냥 장난이 아니라 계산적인 괴롭힘이었다니. 그날 밤 태완은 배신감에 머리가 새하얘졌다.

극단적인 사람은 건강하지 않다. 자극적인 말과 행동을 한다는 건 관심을 끄는 표현이다. 자살하겠다느니 죽을 것 같다느니 하는 건, 강한 스트레스를 받고 있다는 뜻이다. 극단적인 말은 듣는 상대를 불안하게 한다.

흑백 논리

극단적인 사람들은 겉과 속이 다르다. 겉으론 이성적인 모습만 보이지만 바보, 동물적인 척하지만 계산적, 국가를 위하는 척하지만 자기 자신이 가장 중요한, 자기는 안전한 사람이라 하지만 흑심이 가장 강한. 이런 사람들은 신뢰할 수 없다. 극단적인 사람은 타인의 불안을 연료 삼아 움직인다. 다른 사람의 두려움을 먹고 사는 이들이 평생 친구 사귀기란 절대적으로 불가능하다.

극단을 선택하는 행동은 동물적이라 할 수 있다. 굳이 생각을 할 필요 없고, 한 입장만 고수하고 지지하면 되기에 에너지도 덜 쓰고, 편하기 때문이다. 상대방 입장을 고려할 필요 없고, 그저 나와 우리

팀만 잘 살면 된다. 뭣 하러 남들 신경 쓰냐는 말이다. 그런데 이거 어떡하나? 오늘의 편한 선택이 내일의 불편한 결과를 만드는데.

진보와 보수, 젊은이와 늙은이, 자식과 부모 간 싸움이 끊이지 않는 이유는 자기 입장만 생각하기 때문이다. 인간 싸움의 과정은 다음과 같다.

1. 싸운다
2. 멈춘다
3. '어떻게 하면 그만 싸울까' 생각한다

3번에서 선택지는 세 가지로 나뉜다.

1. 모른다
2. 타협한다
3. 굴복시킨다

'모른다'는 해결 의지는 있어도 해결 방안은 미래의 나에게 맡기는 선택이다. 결국 이도 저도 아닌 결과만 생기기에 같은 일로 다시 싸우게 된다.

'타협한다'는 가장 현명하지만 가장 어려운 선택이다. 싸우고 나면 일단 억울하고 화가 나는데 그걸 이겨내겠다는 뜻. 타협할 생각을 하겠다는 것 자체가 대단한 선택이다.

'굴복시킨다'는 가장 파괴적인 선택지다. 굴복시키기는 편가르기 싸움의 최종 목표다. 상대방의 의지를 꺾기 위해 더욱 공격적인 태도를 취한다. 전쟁 선포나 다름없다. 공격이 먹히지 않으면 더 세게 공격한다. 저런 공격에 당해 굴복당하면 자존심이 끝도 없이 하락할 거란 생각에 더 세게 방어한다. 끝없는 창과 방패의 싸움은 극단적으로 치우치게 만든다. 승자도 패자도 없는 진흙탕 싸움은 끝이 날 기미를 보이지 않는다. 이길 때까지 싸움을 끌고 가는 건 파괴적인 행동이다.

그렇기에 극단이 아닌 균형 잡힌 선택을 해야 한다. 균형 잡기야말로 인간만이 할 수 있는 가장 인간적인 행동이다. 함께 이길 수 있는 선택을 하려 해야 한다. 물론 가장 어려운 선택이긴 하다. 분노와 억울함을 이겨내야 하고, 자존심도 내려놓아야 한다. 실패한다 할지라도 자신의 감정을 이겨내는 과정은 그 자체로 값지다.

나를 화나게 했어!

당신은 언제 화가 나는가? 무시당할 때? 시험 보는데 옆 사람이 다리 떨 때? 화가 나는 경우는 상당히 많다. 그럼 당신은 언제 화를 내는가? 언제 화를 내냐는 질문엔 말문이 막힌다. 화가 나는 경우는 많아도 화를 내는 경우는 별로 없다. 일상생활 중에 화를 내는 건 쉽지 않은 일이다. 분노 표출이 관계 유지는 물론 형성에도 도움이 되지 않기 때문이다.

화내는 사람은 공포를 원한다. 분노 표출로 공포를 부른다. 공포는 사람들을 두려움에 떨게 해 움직이지 못하게 한다. 움직임을 통제해 권력을 얻는다. 즉, 화를 내는 이유는 쉽게 원하는 것을 얻을 수 있기 때문이다. 분노를 생산해 공포를 유통해서 권력을 얻으니, 이를 분노 마케팅이라 해도 되겠다.

분노 마케팅은 역사에서도 자주 찾아볼 수 있다. 폭군은 화를 자주 낸다. 연산군은 폐비 윤 씨 사건에 분노해 훈구파를 처형했다. 히틀러는 모스크바 전투 패배에 격노하여 육군 총사령관을 해임했다. 궁예는 신하의 기침에 분노하여 신하를 때려죽였다.

현대 사회에서는, 우리나라 북쪽에서 자주 찾아볼 수 있다. 북쪽의 지도자는 고모부 처형 이유를 건성건성 손뼉 치는 모습이 오만 불손해 분노를 자아냈기 때문이라 했다. 누구는 연설 중에 졸았다고 처형했다.

위 사례로 보아 분노 마케팅은 주로 권력자가 활용한다. 실제로 분노했단 이유만으로 숙청을 하진 않는다. 권력을 손쉽게 통제하는 수단으로 분노를 사용한다. 이런 식의 분노 마케팅은 우리 주변에서도 자주 찾아볼 수 있다.

부모 자녀, 선후배, 직장 관계 등 수직관계에서 주로 사용한다. 이 방법은 가성비 방법이다 보니 많이 사용한다. 군기를 잡아야 한다, 화를 내야 말을 듣는다 등 이유도 다양한데, 효과적이라 자주 쓰는 걸까? 가성비가 좋기에 사용할 뿐이다. 쉽지만 장기적으론 손해다. 두려움의 대상이 되면 친구 사이는 멀어지는 것은 물론, 자주 사용하다 보면 친구의 반응이 점점 둔해진다. 분노 표출은 공식 수직관계에서 자주 보이지만 친구관계에서도 볼 수 있다.

친구관계는 수평관계, 즉, 평등한 관계다. 수평관계에서 화를 낸다는 건 친구를 본인이 원하는 대로 조종하겠다는 뜻이다. 그럼 이때부터 이 관계는 친구관계라고 볼 수 있을까? 절대 그렇지 않다. 결국은 주종 관계라는 비극적인 결말로 끝이 난다.

사람은 감정에 민감하게 반응한다. 카카오톡과 같은 SNS를 사용할 때, 서로 얼굴을 볼 수 없기에 말 한마디에 오해하기도 한다. 그런 경우, 우리는 이모티콘을 사용해 표정이나 분위기를 드러낸다. 예시를 들어보자.

친구가 카톡으로 설문조사 과제를 부탁했다. 이런 과제를 처음 보는 나는 설문조사의 목적이 궁금했다.

"이걸 왜 해야 하는데?"

10분 후, 친구는 미안하다고 답했다.

SNS으로 말할 땐 더 구체적으로, 그리고 이모티콘, 이모지 등 감정 표현을 더 적극적으로 사용하자.

화는 최후의 수단이다

무조건 화를 내지 말라는 말은 아니다. 오히려 적절한 화는 관계 유지에 도움이 되기도 한다. 친구관계는 수평해야 한다. 그런데 만약 상대가 약점이나 비밀을 이용해 협박하거나 놀린다면 화를 내야 할지도 모른다. 상대방이 약점을 빌미로 권력을 얻겠다는 뜻이기 때문이다. 오해할 행동을 했다면 빠르게 사과해야 할 것이다.

지금 당장은 화 내는 게 편하다 할지라도, 미래를 생각했을 땐 최악의 수다. 폭군의 최후는 항상 비참하다. 분노에 휩싸인 복수귀의 결말은 허망하다.

물리법칙의 작용 반작용은 인간 심리에도 적용된다. 강하게 분노

하면 강렬한 반발을 살 가능성이 높다. 당하는 입장의 불쾌감은 말할 것도 없고, 관계에도 부정적이다. 언행은 주는 대로 받는다.

화는 자연스러운 감정이다. 하지만 시도 때도 없이 꺼낸다면 주변 사람들은 당신을 안전하지 못한 사람으로 여기고 떠난다.

베스트 프렌드

당신에게 베프는 어떤 친구인가? 위기에 처하면 무조건 달려오고 추한 모습을 공유하며 무엇이든 함께하는 친구? 아쉽게도 그런 친구는 없다. 영화, 드라마에서는 못 본 지 오래되었고, 이제는 일본 애니메이션에서나 찾아볼 수 있다. 그런데 현실에서 이런 친구를 찾는 사람들이 있다. 그 사람들은 친구들에게 베프의 환상을 강요하면서 친구를 잃는다. 그들만의 규칙과 행동 강령이 있는 걸 보면 종교 같다. 베프교가 친구에게 요구하는 걸 요약하자면 진정성이다.

"친구끼리는 숨기는 게 있어선 안 된다." 베프교도는 솔직함을 강요한다. 솔직함은 진심을 전할 수 있기에 관계에 깊이를 더할 수 있다. 그러나 강요에 의한 솔직함은 관계에 금을 만들 수 있다. 누구나 말하고 싶지 않은 비밀이 있기 마련이다. 친구의 모든 것이 궁금하긴 하겠지만 말하라고 강요해선 안 된다. 말하지 않는 이유는 당신이 믿음직스럽지 않아서, 당신과 가까운 친구의 일이라서, 가족 일 등 다양할 수 있다. 친구로서 의무를 다 하라고 말하지 말고, 말할 수 있는 분위기를 유도해야 한다.

"친구끼리는 모든 말과 행동이 허용된다." 베프교도는 선 넘는 말과 행동에 과민반응을 보이면 안 된다 한다. '친구끼리 그럴 수도 있지' 라는 마인드는 건강, 관계, 성장에 전혀 도움이 되지 않는다. 내가 불쾌하다는데 왜 자기가 괜찮다 말하냔 말이다. 매번 만날 때마다 기분 나쁘게 하는데 만나야 하나. 친구끼리는 필터를 걸치지 않은 말만 해야 하는 걸까. "뭐든지 웃어넘겨야 한다. 친구끼리는 재밌어야 하니까." 친구관계는 노력해야 유지할 수 있다. 자연인 컨셉이 친구관계의 본질이 아니다.

"친구가 위기에 빠졌을 땐 물, 불 가려선 안 된다." 베프교도는 희생을 강요한다. 의리는 베프교에서 추구하는 최고 덕목이다. 어떠한 문제가 생기면 모든 수단과 방법을 동원해 친구를 도와야 한다. 하지만 현실에선 친구가 해결해줄 수 없는 문제가 있다. 해결할 수 있는 범위 밖 문제를 해결해 달라는 건 같이 죽자는 말이다. 그런 친구는 애니메이션에서 찾자. 친구에게 희생과 헌신을 강요하지 말자.

그들은 "친구라면 당연히~"라는 말을 달고 산다. 일본 애니메이션 주인공들이 떠오르는 건 기분 탓일까? 친구의 거창한 정의는 친구는 물론 자신에게도 해가 된다.

베프 교리는 친구에 심취하게 만든다. 과몰입해 시간, 돈, 에너지를 과소비한다. 스트레스도 많이 받는다. 친구가 교리에 어긋난 행위를 하면 화를 내고 훈수를 둔다. 이에 스트레스 받은 친구는 더 이상 참지 못하고 떠난다. 개인에게 주어진 시간과 에너지, 자원은 한정적이기 때문이다. 자기 챙기기도 바쁜데, 남이 자기 멋대로 만들어놓은 교리에 맞춰줄 여유 따위 없다.

좋은 친구관계를 위해선 서로 노력해야 하는 건 맞다. 하지만 타인의 영역을 침범하면서까지 사람을 바꾸려 하는 건 잘못된 태도다. 영역 침범은 대인관계의 가장 큰 갈등 원인이다.

본인과 많이 다른 친구를 바꾸려 하지 마라. 바꾸고 싶다면 자신의 생각과 행동이 어떠한 변화를 가져오는지 직접 보여줘라.

친구에 대한 환상

누군가와 친구가 되면, 그 친구관계는 영원할까? 아니라는 건 누구나 다 안다. 물론 자기가 하기 나름이지만 유독 이에 대한 환상이 큰 사람들도 있다. 환상이 클수록 현실과 격차가 벌어지고, 시간이 갈수록 병들게 된다. 다 식은 피자 속 치즈처럼 단단하고 불쾌하다. 친구에 대한 환상은 사회적으로 고립되었을 때 많이 나타난다. 소통할 수 있는 사람이 적거나, 혼자 지내는 시간이 많은 사람에게서 자주 보인다. 건강한 삶을 위해선 최대한 빨리 환상을 깨야 한다.

고립은 상황에 따라 다른 결과를 낳는다. 해변에서 둥둥 떠다니는 휴식과 망망대해에서 살기 위한 표류는 다르다. 타인과 상황에 따라 움직여지는 상태는 전혀 건강할 수 없다. 주변에 사람이 없어서 생기는 고립은 증오와 환상을 만든다. 자신의 처지에 대한 비난에서 시작해 주변사람 비판, 인간에 대한 증오로 이어진다. 그 후 자기는 친구를 사귀면 이상적으로 지낼 거라며 환상을 만들어낸다. 친구를 사귄다 할지라도 자신의 능력과 한계를 모르는 상태에서 그저 대가 없는 노력만 한다. 친구가 자기 기대치에 미치지 못하면 또 다시 비난, 증오, 환상이 시작된다. 자기와 상대를 알지 못하면, 이 무의미한 사이클을 벗어날 수 없다.

고립 사이클을 벗어나기 위해선 주변에 사람이 많아야 한다. 우리 사회엔 친구가 많아야 한다는 통념이 무의식적으로 깔려 있는 동시에 친구가 많을 필요가 없다는 비판이 함께 나타나고 있다. 그 누구도 친구가 많아야 한다는 말은 하지 않지만, 누구나 친구는 많을수록 좋다는 생각은 하고 있다. 인정하기 싫으면서도 인정할 수 밖에 없는 말이기 때문에 이런 현상이 나타나는 듯하다. 그래서 이 말을 조금 다르게 표현하여 모두가 공감할 수 있게 해볼까 한다.

"친구는 적어도 되지만 친구가 될 수 있는 사람은 많아야 한다."

친구는 적어도 된다. 평생 친구 한두 명만 있어도 성공했다고 할 수 있지 않은가. 그러나 소통이 가능한 사람은 많아야 한다. 언제나 미소를 지으며 잠깐의 소통을 할 수 있는 관계는 고립되지 않고 사회와 연결되어 있다는 느낌을 준다. 현재 상태를 벗어나 더 나은 모습을 갖고 싶다면 발을 넓혀야 한다. 우리는 친구라 생각하지 않아도 언제든 소통이 가능한 사람을 지인이라 부르고 있다. 졸업하고 연락하지 않았던 선후배, 회사 동료, 팀플같이 한 다른 과 사람, 크로스핏 할 때 어쩌다 같이 운동하게 된 사람 등 지인의 영역은 굉장히 넓다. 지인을 많이 두는 것은 언제나 유리하다. 사회적으로도 유리하지만 건강에도 좋다.

물론 고립도 필요하다. 자발적이고 능동적인 고립은 건강에 좋다. 자발적 고립에서 오는 고독은 자아성찰과 창의성을 길러준다. 유명 철학자 쇼펜하우머, 니체, 데카르트, 칸트는 가족도 친구도 없었다고 한다. 탁월한 삶을 살았던 이들은 고독을 잘 이용한 사례다. 하지만 주변에 아무도 없는 삶은 극단적이다. 과거에 비해 상당히 복잡해진 현대에서 인생철학이 확고하지 않은 이상, 극단적으로 고독한 삶은 리스크가 너무 크다.

꼭 필요한 평생 친구

평생 친구를 만들지 못하는 사람들의 특징은 불안정하고, 충동적
이라 신뢰할 수 없으며 극단적이고 파괴적이다. 이런 유형의 사람들
은 대부분 야생 인간 상태에서 인간성을 기르지 않아 생긴다. 1장에
서는 친구를 자기 마음대로 통제하려는 분노 마케터, 현실을 무시하
고 이상만을 추구하는 베프교 등 다양한 유형을 알아보았다.

당신이 만약 이 유형에 해당되거나 주변에 이런 사람이 있다면 당
장 해결해야 한다. 이런 태도는 즉각적으로 원하는 것을 얻기 편한
전략이다 보니 중독되기 십상이다. 하지만 장기적으로 보았을 때,
고립될 가능성이 커지고, 인생에 큰 오점을 남길 수 있다. 위대한 스

70

승들이 말했듯이 더 나은 삶을 살기 위해서는 본능에 저항할 수 있어야 한다. 공부나 일이 하기 싫은 이유도, 그것이 본능에 저항하는 일이라 그렇다. 인간은 생산적인 활동을 싫어한다. 그래도 하기 싫다고 포기하면, 평생 친구를 가질 수 없고, 각박하고 어려운 미래를 맞이할 수 밖에 없다.

평생 친구를 가지면 좋은 점이 뭐길래 평생 친구를 사귀어야 한다는 걸까? 다음 장에서는 평생 친구를 갖게 되면 얻을 수 있는 이점에 대해 알아보겠다.

Chapter 2.

평생 친구는 인생의 성공이다

인간도 동물이다

인간은 지구상의 유일무이한 우월한 존재일까? 그렇지 않다. 우연히 머리가 발달했을 뿐이다. 사회적 동물 중, 최상위 포식자일 뿐 지구 최상위는 아니다. 우리도 결국 지구 생태계 내에서 다른 생물과 공생하고, 기생하며 지내는 일원일 뿐이다. 그렇다고 해도 지구 환경에 직접 영향을 끼치는 생물은 흔치 않다. 산업혁명 이후의 지구는 온난화가 가속되고 있다. 식물계는 광합성으로 지구 생태계에 막대한 영향을 끼쳤다고 할 수 있지만 동물계가, 그것도 한 종이 이 정도로 지구 환경에 관여하는 경우는 거의 없었다. 섬과 섬을 잇고, 이산화탄소를 대량 배출하고, 환경을 과거로 되돌리려고 한다. 무엇보다도 문명을 이뤄냈다. 호모 사피엔스, 이 모든 걸 어떻게 이뤄냈는가? 정답은 친구에게 있다.

일단, 사회적 동물에 대해 알아보자. 사회적 동물, 종 구성원들과 상호작용을 하며 사회를 만드는 생물을 말한다. 그렇다면 왜 사회성을 띠는가? 생물이 살아가는 이유는 생존과 번식을 위해서다. 그래서 우월한 개체가 되거나 이들과 관계를 맺고 싶어 한다. 그런데 사회적 동물을 보면 불임이거나 기회조차 갖지 못하는데도 이타적 행동을 하는 개체들이 있다. 그 이유는 친족 유전자 때문이다. 본인이 아이를 갖지 않아도 조카가 있다면, 조카가 잘 크게 도와주면 성공이다. 그렇게 해도 본인의 유전자는 계승되기 때문이다. 우리도 기본 값은 이렇다.

개미와 벌 같은 곤충, 침팬지와 오랑우탄 등 유인원들은 잘 알려진 사회적 동물이다. 사회적 동물은 공통적인 특징이 있다. 바로 경쟁과 협력을 한다는 것. 특징을 보다 보면 도대체 이들과 인간의 차이가 뭔가 싶다. 개미가 같은 무리 내 구성원끼리 협동한다는 건 상식이다. 일개미, 병정개미, 여왕개미 등 신분이 나누어져 있고, 역할도 다르다. 이들이 서로 협력하며 사회를 이룬다. 그런데 재미있게도 같은 종 다른 무리와 전쟁도 한다. 먹이 경쟁에서 걸림돌이 되기 때문이다. 승리한 개미는 패배한 개미를 노예로 삼기도 한다. 꿀벌은 말벌이 침입했을 때, 무리 지어 달려 들어 말벌을 질식시킨다. 일

당백은 어디서나 통하나 보다.

사회적 동물 중 인간과 가장 닮은 동물이 있다면 침팬치다. 침팬치는 인간의 기본 값대로만 살아가는 모습을 보여줘 우리를 반성하게 하기도 한다. 우간다의 은고고 숲에 사는 침팬치들은 고도의 사회성을 띠며 살아간다. 이들은 서열화 되어 있고, 서열 투쟁도 한다. 혈기왕성한 서열 7위가 1위에게 덤벼 우두머리가 되는 경우도 있고, 불만을 품은 무리가 우두머리를 몰아내기도 한다. 그중 상당히 놀라운 것은 이들도 정치를 한다는 거다. 2위는 사냥 후, 먹잇감을 자기 친구들에게 많이 준다. 먹이를 주어 자기 세력을 만들고, 그 세력으로 우두머리를 몰아내는 등 인간의 전유물인 줄 알았던 정치도 한다는 건 상당히 놀랍다. 무리에 해를 끼치는 개체엔 집단 린치를 가하기도 하고, 자신들의 국경에서 순찰을 하고, 영토 확장을 위한 전쟁을 하기도 한다.

인간은 이들과 뭐가 달랐던 걸까? 다양한 답이 나올 수 있겠지만, 나는 친구라 말하고 싶다. 사회적 동물 다수는 같은 종 다른 군락을 적대시한다. 인간도 비슷한 면이 있긴 하지만 대화를 선택할 줄도 안다. 이웃 간 교류가 생기며 친분이 생겼고, 서로 간 정보와 자원을 교류했다. 인간은 혼돈 대신 질서를 선택했고, 번영을 누리게 되었다. 친구란 존재는 인간을 사회적 동물로 성공할 수 있게 해주었다.

지구상에 같은 종, 다른 군락과 친하게 지내는 종은 인간밖에 없다. 동물임과 동시에 인간인 우리는 감각과 본능에 충실한 삶 이상을 살 수 있다. 인간적인 삶을 살 수 있게 해주는 가장 좋은 수단이 바로 친구임을 잊지 마라.

안전과 자존감을 높인다

사람은 안전을 느끼게 해주거나 자기 존재를 인정해주는 사람을 좋아한다.

인간은 다양한 욕구를 갖고 있다. 이번 장에서는 수면욕, 배설욕, 성욕, 식욕 등 동물로서 갖는 욕구가 아니다. 대인관계를 맺을 때 활성화되는 욕구에 관해 이야기해보겠다.

권력에 대한 해석과 통찰, 연구를 다룬 저서를 집필한 줄리 바틸라나는 권력, 즉, 힘의 관계를 활성화하는 욕구를 제시한다. 바로 안전 추구와 자존감 향상 욕구다.

인간은 광활한 자연 속에서 미약하고 하찮은 존재다. 자연의 대혼돈 속에 자신을 보호하기 위해 안전을 추구했다. 그리고 자연의 일부 요소에 불과한 자신을 가치 있는 존재로 확신하고 싶어 했다. 이런 이유로 안전 추구와 자존감 향상 욕구가 생겼다.

인간이 친구를 사귀는 이유 또한 이 욕구에서 비롯된다. 인간은 집단 지성을 이용해 도구와 피난처를 만들어 생존해왔다. 사람이 많으면 많을수록 좋다는 걸 배웠고, 가족이 아닌 사람들과 잘 지내게 되었다. 외지인을 경계하는 본능을 이겨내고 화합하는 법을 학습했다. 힘을 합쳐 외부로부터 안전한 사회를 만들었고, 안전에 도모하고 있다는 점에서 자신의 쓸모를 인정받았다. 이 과정에서 인간은 신뢰와 정을 바탕으로 친구라는 관계를 만들어냈다.

통상 우리 주변에 좋은 친구라고 불리는 사람들은 이 욕구들을 충족시켜준다. 심리가 불안정하지 않고, 이야기를 잘 들어주며 함께 성장하는 친구 말이다. 좋은 친구의 주변엔 언제나 사람이 많다. 심지어는 존경심을 느끼게 하기도 한다. 그럼 우리는 어떻게 해야 좋은 친구가 될 수 있을까?

매슬로의 욕구 피라미드

자기계발에 관심 있는 사람이라면 매슬로의 욕구 피라미드를 들어봤을 거다. 매슬로의 이론은 1969년에 발표되었기에 많은 한계가 드러났다. 진화심리학계에선 모두 생존과 번식을 위한 욕구일 뿐이라고 비판을 받고 있다. 최신 연구가 오래된 연구의 한계를 드러내는 건 당연한 일이다. 하지만 그럼에도 여전히 자기 계발서나 강연에서 주로 다뤄지는 건 그만큼 가치가 인정받기 때문이다. 간호학에서도 중요하게 다뤄지고 있다. 특히, 캐릭터 창작에 필수적으로 들어간다. 친구관계에도 이 이론이 적용되기에 소개하겠다.

이 이론은 최종적으론 8층까지 있지만 많이 알려진 5층 버전으로 설명하겠다. 가장 낮은 욕구가 충족되면 다음 단계를 추구한다. 가장 낮은 순서대로 설명하자면,

1단계 생리적 욕구는 음식, 물, 주거, 수면, 생식 등 기본적이고 원초적인 욕구를 말한다.

2단계 안전 욕구는 자신과 주변인들이 위험으로부터 안전하고, 자유롭길 바라는 욕구다.

3단계 소속 및 애정 욕구는 사람들과 의미 있는 관계를 맺고 지속

적으로 유지하고 싶은 욕구다.

4단계 존중 욕구는 자신의 공헌과 가치를 인정받고 지위를 얻길 바라는 욕구다.

5단계 자아실현 욕구는 자기발전을 통해 인생 목표를 달성하고, 인생을 진지하고 생산적인 방향으로 이끌어 가고 싶어 하는 욕구다.

이 책을 읽는 사람이라면 진지하게 자신을 돌아볼 필요가 있다. 당신이 이 책을 읽는 궁극적인 이유는 자아실현을 위해서다. 자아실현을 위해선 아래 단계들이 충족되어야 한다. 1, 2단계는 대한민국의 인프라가 잘 구축되어 있기에 대부분 충족된다. 그러나 3, 4단계는 개인과 집단의 추가 노력이 필요하다.

소속 및 애정 욕구는 가족이나 친구를 통해 형성하는 게 일반적이다. 친구관계는 가족과 다르게 반드시 필연적이지 않다. 가족은 믿음이 없어도 관계가 지속되지만 친구는 믿음이 없으면 존재할 수 없다. 가족은 사이가 안 좋아도 연결되어 있지만, 친구는 사이가 안 좋으면 연결이 끊긴다. 관계 유지를 위해 끊임없이 노력을 해야 한다. 그렇기에 친구를 통해 갖는 소속감은 더 값지다. 집단에 소속되었다는 안정감은 사회적 동물의 본능을 충족시켜주는 것과 같다. 소외될 두려움이 없다는 것은 삶이 끝없이 추락할 일이 없다는 것과 마찬가지다.

존중 욕구는 나를 받아준 소속 집단에 헌신하고 싶다는 욕구와 같다. 지위를 얻고 싶다는 건, 낮게 보면 권력욕이고, 높게 보면 집단을 성장시키고 싶은 의지와 포부다. 자존감의 다른 말이 존중 욕구가 아닐까 싶다. 친구가 없거나, 있다고 해도 무시당하거나 인정받지 못하면 자존감이 낮아지는 이유도 존중을 받지 못해서다. 존중을 받기 위해선 우선 신뢰할 수 있는 사람이 되어야 한다. 신뢰할 수 있는 사람이란 충동적이지 않고, 무언가 함께할 수 있는 사람이다.

만약 생산적인 친구가 있다면 3, 4단계는 이미 충족되었고 자아실현을 향해 열심히 달려가기만 하면 된다. 당신이 힘들고 괴로워 나락으로 떨어질 때, 이들은 트램펄린이 되어 당신을 구해줄 거다. 자아실현을 향해 가는 길이 고독하고 당신이 방향을 모를 때, 밧줄이 되어 당신의 고통을 덜어주고 방향을 제시해 줄 거다. 당신이 멋지고 의미 있는 인생을 살기 위해선 평생 친구가 필요하다는 걸 깨달았길 바란다.

욕구는 제어되어야 한다

자신의 x 단계 욕구가 과하거나 결여되면 타인의 x-1 단계를 침해한다. 예를 들어, 소속 애착 욕구는 타인에 의해 충족되고 억제된다. 그렇다 보니 이 욕구가 과한 사람은 타인을 구속하고 통제하게된다. 구속과 통제는 2단계 안전 욕구를 침해한다. 부모의 애착이 심하면, 사사건건 참견하고 통제한다. 애착이 심한 부모 밑에서 자란아이는 자율성을 잃고, 뭐든지 부모에게 결정을 맡긴다. 상위단계욕구가 과한 사람은 타인의 하위 단계 욕구를 침해한다. 나르시시스트는 4단계 존중 욕구가 과해서 타인의 3단계 소속 애착 욕구를 침해한다. 3단계 욕구가 결여된 사이코패스나 소시오패스는 타인의 2단계 안전 욕을 침해한다. 게르만족 소속감이 과했던 나치 독일은 유대인을 학살했다.

더 나은 관계, 생산적인 관계를 위해선 욕구를 제어할 수 있어야 한다. 과해서도 안 되고 적어서도 안 된다. 욕구는 우리의 삶을 충만하게 해줄 뿐만 아니라 나락으로 빠뜨릴 수도 있다.

부자학에서 말하는 부자 되는 비법

상위 1%인 사람들은 왜 1%일까. 돈에 미쳐서 사람들 속이고 이용한 덕일 거 같지만 그렇지 않다. 오히려 반대다. 1%인 사람들은 이타적이다. 이들은 정신적 여유를 이타심에서 찾았다. 더 좋은 세상을 만들기 위해 자기들끼리 협력한다. 1%가 자기들끼리 친하게 지내는 이유다.

"알맞은 친구를 사귀는 건 엄청 중요해요. 그 친구들이 있어서 내가 더 나은 사람이 되면 그게 최고의 선물이죠." 워런 버핏이 한 말이다. 세계 최강 1%도 친구 관계가 얼마나 중요한지 말하고 있다.

빌 게이츠와 워런 버핏은 절친한 친구 사이다. 빌은 인류와 환경 문제를 해결하기 위해 설립된 빌 & 멜린다 게이츠 재단의 공동의장이고, 워런은 재단의 이사다. 사업 파트너인 두 사람은 게임 파트너이기도 하다. 이 둘은 〈브리지〉라는 보드게임을 자주 한다. 이 게임은 다른 보드게임과 달리 2명씩 팀을 이루고 협력해서 승리하는 게임이다. 침묵한 상태로 해야 하기 때문에 감정이입을 해야 협력이 가능하다. 이 둘은 사업과 친구 사이를 돈독하게 하기 위해 협력형 게임을 한다. 세계 최고 부자 둘은 서로 경쟁하지 않고 협력한다. 게임에서조차도.

항상 최고를 기대하고, 최고가 되어라

현대사회는 정보, 물건, 서비스, 사람까지 모든 것이 넘친다. 과거엔 얻을 것에 집중했다면 지금은 미니멀라이프, 무소유 등 버릴 것에 집중한다. 세상을 받아들이는 태도가 그렇다 보니 대인관계 또한 버릴 것에 집중한다. 해를 끼치는 사람을 찾아 버리려고만 하니 좋은 점이 눈에 들어올 리가 없다. 사람들이 칭찬보다 비판하기를 더 좋아하는 이유다. 단점 찾아 비판하기는 최악을 방지할 순 있다. 누군가는 이것이 최선의 대인관계라 말할 거다. 삶을 유지할 순 있겠지만 더 나아지게 할 순 없다.

누구나 현재보다 나은 삶을 살고 싶어 한다. 그런데 왜 최고를 얻기보단 최악을 방지하려고만 하는가. 사실 최고 얻기와 최악 방지 둘 다 해야 한다. 하지만 사회는 최악을 방지하는데 매몰되어 있다.

최고의 관계를 만들어라. 최고가 최선이다. 최악을 방지하겠다는 사람과 최고를 만들겠다는 사람의 성과는 수준이 다르다. 최악의 다리만 안 만들면 된다는 사람과 최고의 다리를 만들겠다는 사람을 비교해보자.

박한영은 다리를 만들어달라는 의뢰를 받았다. 그는 다리가 무너지지만 않으면 된다고 생각했다. 간격이 제일 좁은 곳을 찾았고 빠르게 공사에 들어갔다. 비용을 줄이기 위해 시멘트에 물을 탔고, 디자인도 본인이 했다. 다리가 완성되었고, 완공식을 하던 날 커팅과 함께 무너졌다. 한영은 떠내려가면서 자신은 최선을 다했다며 변명했다.

차현수 또한 다리 건설 의뢰를 받았다. 그는 최고의 다리를 만들겠다고 다짐했다. 경치가 좋으며 간격이 좁은 곳을 찾기 위해 지역 주민들과 전문가에게 자문을 받았다. 디자인 또한 환경에 맞게 조성하기 위해 많은 연구를 했다. 시간과 예산이 부족했지만 적절하게 조합하여 아름다운 다리를 만들었다. 세계유산 수준의 다리는 아니었지만 관광명소가 되어 현수는 유명 건축가가 되었다.

이 둘은 정보를 얻는 노력의 양, 연습의 강도, 결과의 수준 모두 다르다.

최고가 되겠다는 생각에서 변화가 시작된다. 더 좋은 관계를 위해 심리학, 화법 등 대인 관계 술을 공부하며 자기계발을 하게 된다. 나와 상대의 상태를 파악하며 상황 속에서 여유를 발견하게 된다. 경청과 공감을 하며 오픈 마인드를 기를 수 있다. 오픈 마인드는 세상과 나를 편견 없이 연결하며 많은 걸 받아들이게 한다. 그렇게 세상을 경계하며 보호하려던 태도에서 세상과 연결되며 행복과 성장을 찾는 태도로 바뀐다.

부자들의 조언을 들어보면 흔한 클리셰 마냥 식상하고 진부하다. "부자처럼 생각하고 부자처럼 행동하라.", "명상하라.", "감정적으로 행동 하지 마라." 등 이젠 집안 어른들이 하는 말 같다.

하지만 그만큼 실천하기 어렵다는 뜻이다. 아무리 권위 있고, 유명한 전문가의 조언이라 해도 진심으로 받아들이는 사람은 많지 않다. 좋은 말 듣고 갑니다 하고 잊어버린다. 한번 해보고 자기와 안 맞으면 포기한다. 정말 상황을 개선하고 싶은 게 맞는가? 진심으로 최고의 친구가 되겠다는 다짐을 해보자. 최고가 최선이다.

인생은 짧다. 친구, 가족과 행복한 시간을 보내기에도 부족하다. 기본 값에 한계를 두고 위태롭게 지내기엔 인생이 너무 아깝다. 우리의 가능성은 무궁무진한데 말이다. 어쩌다 보는 모임 친구, 졸업 후엔 안 볼 친구, 캠프에서 한번 본 사이 등 곧 끊어질 관계라 생각하지 말고 최고의 친구가 되겠단 마음으로 그들을 마주해보자. 일상이 달라질 것이다. 그러니 관계에 한계를 두지 마라.

함께 가면 멀리 오래간다

"혼자 가면 빨리 가고, 함께 가면 멀리 간다."라는 속담이 있다. 공동체의 가치를 설명하기 위한 말이다. 초등학교, 중학교에선 교과서에도 실려 있고 자주 들었었다. 하지만 고등학교 이후론 거의 들어본 적이 없다. 이때부턴 각자도생이 유리하다는 걸까?

대한민국 고등학생의 대다수가 일반계 고등학교에 진학한다. 대입을 준비하는 이들은 친구도 경쟁상대라는 말을 들으며 3년을 보낸다. 그렇게 3년을 보내면 친구와 같이 놀긴 해도 같이 성장하는 존재로 보이진 않는다.

3년이 짧다곤 할 수 있다. 하지만 성격이 완성되는 시기가 청소년기다. 군대 2년이 사고 회로를 바꾼다. 그리고 코로나 2년, 마스크를 쓰지 않으면 눈치보인다. 각자도생은 도움은커녕 손해가 더 크다. 사람이 혼자 할 수 있는 일엔 한계가 있다. 일론 머스크, 빌 게이츠, 정주영 회장이 머리가 비상했기에 세계적인 기업을 만들 수 있었을까? 아니다. 공동체의 힘을 잘 활용했기 때문이다.

인류 문명은 공동체의 산물이다. 가족단위로 살던 인류가 모이고 모여 거대한 공동체, 문명을 만들어 냈다. 무엇 덕분에 이렇게까지 이룰 수 있었을까? 공동체는 첫째로, 서로 간 암묵적인 의무를 지킨다. 두 번째, 서로 연결되어 있다는 느낌을 받는다. 유대감은 어렵고 힘든 상황을 버틸 수 있게 해준다. 연결되어 있는 느낌을 받을 때 사람들은 든든하다는 표현을 쓴다. 셋째, 복잡한 이해관계를 갖는다. 모든 것이 복잡하게 연결되어 있다는 걸 깨닫는 순간, 사람은 성숙해진다. 더 이상 자기중심적으로 행동하지 않는다. 이 모든 것은 혼자서는 얻을 수 없는 가치다. 의무와 유대 그리고 이해, 이 가치들이 지금의 우리를 만들었다. 인간은 혼자 살아남을 수 없음을 기억해야 한다.

여전히 우리 몸은 공동체 스토리를 들으면 반응한다. 과거부터 인간은 공동체 스토리를 좋아했다. 의형제 스토리가 가장 대표적인데, 삼국지의 유관장 삼 형제. 서로 피도 섞이지 않은 사람들이 도원결의를 하는 장면은 아직도 감동을 준다. 북유럽 신화의 오딘과 로키,

영화 때문에 다르게 알고 있는 사람들이 많겠지만 사실 의형제다. 조선 역사에선 이순신과 유성룡이 있다.

현대 창작물에도 의형제는 끊임없이 등장한다. 영화 신세계의 정청과 이자성, 마블의 캡틴 아메리카와 윈터 솔저, 뽀로로와 크롱 등 다양한 장르에서 나오고 있다. 이들에게서 끈끈한 유대감을 느낄 수 있다. 우리에게 깊은 관계가 없어서 결핍을 느끼고 의형제 스토리를 좋아하는 걸지도 모른다.

공동체의 힘을 처음으로 느껴본 건 복학 후 토익 스터디를 운영할 때였다. 처음엔 동기 6명끼리 하는 것이다 보니 술 마시다 끝나진 않을까 걱정했었다. 하지만 한 학기 동안 운영하며, 매주 월요일 단 하루도 빠짐없이 스터디를 진행했다. 단어 테스트, 문제풀이, 해설 모두 진행하여 문제집, 단어장 1회독했다. 혼자 했다면 학기 중에 토익 공부란 꿈도 못 꿀 일이었다.

운영이 가능했던 비결은 공동체에 있다. 한 번쯤은 그만하자고 할 수 있었지만 아무도 그러지 않았다. 운영방안을 어긴 사람도 없었다. 6명 모두 암묵적인 의무를 지킨 것이다. 월요일에 동기들끼리 모이는 게 즐거웠다. 1학년 때로 돌아간 느낌이라 모두 좋아했다. 정서적 유대감이 서로를 연결했다. 서로의 능력과 상황을 잘 알기에 도움을 주고받았다. 토익 스터디 결과, 연말 테스트에서 6명 중 3명이 목표 점수를 달성했다. 다른 3명은 본인의 약점을 파악하여 다시 도약할 기회를 마련했다.

건강한 공동체는 잊기 쉬운 가치를 떠올리게 해주고, 동기부여의 시간을 길게 연장해주는 효과가 있다. 분명 학기 중 토익 공부는 혼자서는 달성하기 어려운 일이었다. 하지만 함께였기에 가능했다.

친구는 기초 공동체다. 공동체의 힘을 발휘할 수 있는 가장 좋은 존재다. 공동체의 힘을 활용하여 어려운 목표를 달성하자.

원하는 삶을 사는 방법

　개인은 자아를 실현해 자신이 원하는 삶을 살고 싶어한다. 사회는 그런 개인의 의지를 꺾어서 사회에 굴복시키려 한다. 개인과 사회의 치열한 사투는 끊임없었다. 과거에는 이 사투를 막기 위해 신분제를 만들어, 의지를 굴복시켰다. 신은 개인의 의지를 꺾었고, 왕은 신의 의지를 대행했다. 하지만 결국 개인의 의지가 신을 꺾었고, 왕을 단두대에 세웠다. 당신은 삶이라는 전쟁에서 이겨 의지를 꺾을 것인가, 아니면 세상에게 의지를 꺾일 것인가. 당신에게 달렸다.

　친구는 같은 시간대에 살지만, 다른 모습으로, 다르게 살아가는 나다. 비록 상황과 조건이 다르더라도, 친구를 통해 태도와 의지를 배울 수 있다. 결국 사람이기 때문이다. 나는 대학을 졸업하기 직전부터 한 가지 고민에 빠졌다.

좋은 직장 갖고 안정적으로 살아갈 거냐 VS 내가 하고 싶은 일을 하고 살 거냐.

전공 살려서 취업을 할 건지, 내가 하고 싶었던 문화 콘텐츠 분야에 도전할 건지, 고민이 많았다. 물론 내가 하고 싶은 일을 하고 싶었다. 확신이 안 서고, 두려운 게 문제였다. 처음부터 다시 시작해야 하는 상황이고, 시간은 계속 흐르기에 주춤할 수밖에 없었다. 그래서 이미 취업해 자리를 잡은 사람들에게 조언을 들었다. 항상 돌아오는 답은 전자였다. 철없다는 비판도 들었다.

"네가 지금 배부르니까 그런 고민하는 거다."

"그 욕구를 죽이면서 살아야 한다."

답을 듣고 나니 의지가 죽었다. 이런 게 삶인가 싶었다. 생각해보면 하고 싶은 일하며 살라는 말하는 사람은 강연이나 책에서 밖에 못 봤다. '그건 이상적인 삶인 걸까?' '내가 유토피아를 쫓고 있었나?' 별생각이 다 들었다. 그러다 우연히 친구들은 어떻게 사는지 궁금했다.

서울 사는 친구는 나보다 한 학기 일찍 졸업해 공공기관 인턴으로 취업했다. 거긴 왜 취업했나 물었더니, 해외 대학원을 가기 전에 관련 경력을 쌓고 싶어서라 답했다. 본인 목표를 위해 남는 시간 동안 관련 경력을 쌓는다는 게 신기했다. 내가 그렇게 살지 않아서 그런 건지, 여태 본 적이 없어선지 알 수 없었다. 신기하기도 하고 부러웠다. 취업한지 일주일도 안돼서 고민 있다고 연락이 왔다. 스트레스 주는 사람이 있나 했더니 아니었다. 지금 주는 일이 행정업무라 자기 경력과 전혀 상관없다고 한다. 그래서 퇴사를 하고 다른 부서에 넣을지 말지 고민이라는 거다. 들어온 지 일주일 만에 퇴사했다가 다시 들어간다는 게, 눈치가 많이 보이는 건 사실이다. 애매한 상황에 공감했다. 하지만 시간 낭비할 바에 얼른 관련 업무하는 게 낫지 않겠냐 조언했다. 이 친구도 마음은 정했지만 확신이 필요했던 거 같았다. 결국 퇴사했고, 관련 부서에 다시 입사했다.

이 경험에서 많은 걸 배웠다. 친구가 본인이 하고 싶은 일을 하기 위해서 경력도 쌓고, 시간 낭비하지 않는 모습에 감동했다. 그리고 하고 싶은 일을 하는 사람을 직접 보고, 체감할 수 있었다. 그 친구가 원하는 대로 되었기에 나도 좋았고, 감사했다.

친구는 자신이 원하는 것을 밝혔고, 나는 도와주었다. 결국 친구는 원하는 것을 얻었고, 나도 원하는 삶을 살 수 있다는 걸 알았다.

가보지 않은 길을 갈 수 있다

친구는 또 다른 나를 찾아주기도 한다. 친구 맛을 본 나는 더 이상 혼자 운동 못하겠다. 도전하게 해 새로운 면을 발견해준다.

나는 3년 차 운동인이다. 학기 중에는 헬스, 방학에는 본가로 내려와 크로스핏을 해왔다. 대학교 4학년, 겨울을 제외하곤 춘천 자취방에서만 지냈다. 1학기엔 학교, 도서관, 헬스장 루틴으로만 생활했다. 지루했다. 세상 이렇게 심심할 수 없었다. 그나마 초반엔 헬스 친구가 있어서 할만했다. 물론 며칠 만에 떠났다. 혼자 헬스하는 사람들도 많지만 같이 하면 더 재밌고 더 잘 됐다. 친구 맛을 본 나는 더 이

96

상 혼자 못하겠다. 다른 친구들에게 같이 운동하자고 꼬셨다. 그리고 아무도 없었다.

4학년은 고독하다는 마음이 생길 즈음, 진짜 고독한 친구, 천승우가 찾아왔다. 본인이 INFP라고 과몰입하는 그는, 1학년 때부터 혼자 생활했다. 대화하는 걸 보면 분명 사회성이 결여된 사람은 아니었다. 그냥 혼자가 좋았던 거다. 나는 그 친구를 동굴 속 사회인이라 생각했다. 보노보노에 나오는 야옹이형 같았다. 대화 중, 본인이 빙수를 너무 많이 먹어 고혈당이 되었다고 했다.

영업을 시작했다.
"너 진짜 운동 해야 돼."
다음 날, 승우는 헬스장에 왔다. 청바지를 입고.
돌려보냈다.

옷을 갈아입고 온 승우에게 초보자 루틴을 설명해주며 운동시켰다. 다음날, 연락이 되지 않는다. 이틀 후, 인대가 늘어났다고 한다. 살면서 헬스하다가 인대가 늘어났다는 말은 처음 들었다.
"하기 싫으면 안 나와도 돼." 라고 할 뻔했지만 참았다. 헬스 친구가 필요했다. 일주일 후, 승우가 다시 나왔다. 진짜였으니 믿어달라고 한다. 몸은 사람마다 다른 거니까 믿어주었다. 그는 열심히 했다.

언제나 기대 이상으로 했다.

하지만 자신을 믿지 못했다.

"이건 못할 거 같은데."

나는 승우를 믿었다. "들어." 들었다.승우는 매번 나오기 싫다고
투정부렸다. 그러나 부를 때마다 잘나왔다. 매번 못 들겠다고 부정
했다. 그래놓고선 잘 들었다. 매번 자기랑 헬스는 안 맞는다고 했다.
그 누구보다도 최적화된 몸이었다. 승우는 본인의 성장을 부정했
다.F오전에 혼자 하고 왔단다. 가족과 친구들은 그를 볼 때마다 놀랐
다.

"너는 언제나 싫다고 말했지만 너의 몸은 언제나 좋아했어. 맨날
나와서 쇠질하고 있잖아." 내가 말했다.

승우는 이것마저 부정했다.

"가스라이팅 하지 말라고."

나는 포기하지 않았다.

"넌 이미 타락했어."

여름방학부터 승우는 불러도 나오지 않았다. 연락도 잘 안 됐다.
비트코인 얘기할 때만 잠깐 말하고 사라졌다. 나도 헬스 친구가 많
이 생겼기에 굳이 부르진 않았다. 하기 싫다는 말이 정말 하기 싫어
서 했던 걸까? 괜히 미안해졌다. 그래서 전화해봤다. 오전에 혼자 운
동하고 왔단다.

"?"

그럼 여태 혼자 했던 거였나? 오랜만에 만나서 밥이나 한 끼 하자고 불렀더니 정말 몸이 좋아졌다. 진짜 혼자 했던 거였다. 친구들과 함께하면 재밌긴 하지만 혼자 하는 게 더 편했다고 한다. 일주일에 3번씩 나온다고 한다. 내가 졸업한 이후, 지금까지도 꾸준히 하고 있다 한다.

승우는 일상이 바뀌었다. 평생 하지 않던 운동을 하며 건강을 챙기고 있다. 나는 재미를, 승우는 건강을 챙길 수 있었다. 함께 성장할 수 있었다. 혼자 했으면 많이 할 수 있었겠지만 오래 하진 못했을 거다. 함께 했기에 오래 꾸준히 할 수 있었다. 친구는 끊임없는 성장의 동력이다.

친구는 뇌 구조를 바꾼다

뇌는 경험에 따라 변한다. 환경과 끊임없이 상호작용하면서 뇌의 구조를 바꾸는 능력을 뇌가소성이라 한다. 우리 뇌는 새로운 경험을 하면 축삭 돌기와 수상 돌기가 새로 자라나며 연결된다. 환경이 풍족할수록 수상돌기가 성장하고 확장하며 시냅스의 연결이 강화되고 뇌혈관도 확장된다고 한다.

풍족한 환경이란 새로운 자극이 풍부한 낯선 환경을 말한다. 낯선 환경, 사람과 상호작용이 많을수록 뇌 크기는 커지고 시냅스 연결도 많아진다. 지루한 일상이 반복되면 반대로 뇌 크기는 작아지고 시냅스 연결 또한 적어진다.

뇌 가소성을 알고 나면 '늙으면 뇌가 굳는다.'는 말이 반은 맞고 반은 틀렸다는 걸 알 수 있다. 늙어갈수록 생활패턴이 고착화되어 일상이 반복된다. 그렇기에 뇌가 굳는다. 하지만 아무리 늙어도 다양한 활동을 많이 하면 뇌는 굳지 않는다. 여전히 말랑말랑하고 젊은 감각을 느낄 수 있다.

뇌가 굳지 않게 하려면 친구가 필요하다.

인간은 행성이다. 친구는 교류하는 행성이다. 알다가도 모르겠는 게 친구다. 친구와 다양한 활동을 할수록 뇌는 오래 젊음을 유지할 수 있다. 실제로 필자의 할머니는 80대 중반이시며 지병이 많으시고 홀로 사신다. 몸이 아프면 집에서 쉬는 경우가 다반사지만 할머니께선 그러지 않는다. 다리가 아프셔도 항상 친구들 만나러 다니신다. 아프면 쉬었다 가면 된다고 하신다. 나갈 수 없는 상황에는 친구들이 찾아오신다 한다. 신체는 이미 늙었지만 정신은 아직 건강하시다. 가족들도 치매 걱정은 안 한다. Long live the grandma!

평생 행복할 수 있는 방법

　행복하고 건강한 인생을 위해선 평생 친구가 반드시 필요하다. 미국 하버드대학교에서 75년간 진행한 연구가 있다. 1938년부터 2012년까지 진행한 행복의 비밀에 대한 연구다. 이 연구로 밝혀진 관계의 힘은 두 가지다. 첫 번째, 외로움은 병과 죽음이다. 돈과 명성에 상관없이 외로움을 많이 느낄수록 두뇌 기능이 떨어지고, 일찍 사망했다고 한다. 그리고 가족, 친구와 좋은 관계를 맺었던 사람은 그보다 오래 살고, 건강했다. 두 번째, 관계는 양보다 질이다. 친구가 많아도, 결혼을 했어도 외로울 수 있다. 좋은 인간관계를 지속했던 사람들은 기억력과 행복감이 오래갔다. 혼자서도, 넓고 얕고 인간관계를 갖고 있어도 즐겁고 행복할 수 있다. 그러나 그것은 오래갈 수 없는 불안한 행복이다.

대학교 1학년 초기, 새로운 친구들과 함께 술자리, 노래방, PC방을 다니며 새롭게 놀았다. 이성친구들과도 놀 수 있었기에 완전히 새롭고 재밌었다. 동기들과 매일 술자리를 가졌었기에 고등학교 친구들과 놀 시간이 없었다. 하루는 2차 술자리가 한창일 때, 고등학교 친구에게 전화가 왔었다. 귀찮았다.

"나 바쁘니까 끊어."

한 마디 던지고 끊어버렸다.

다음 날 아침, 다른 연락은 오지 않았었다. 신경 쓰지 않았다. 나는 그날도 바빴다 그 이후로도 몇 번 정도 연락이 더 왔었는데, 매번 끊었다. 한참을 이렇게 보내다 약속이 없는 날이 왔다. 친구의 전화가 떠올랐다. 먼저 전화했다. 신호음이 세 번 울리다 받았다. 친구는 고등학교 친구들과 술자리에 있었다.

친구가 화를 낸다. 전화 끊은 것에 대해 뭐라 한다. 그리고 자기는 기대했던 대학생활을 하지 못해 힘든데, 나는 자기가 기대했던 대학생활 한다는 것도 상실감이 컸다고 한다. 미안했다. 친구의 힘듦은 무시한 채 나만 즐겁게 놀고 있었다는 게 미안했다. 그래서 다음에 같이 놀자고 약속하고 끊었다.

그 이후로도 나는 고등학교 친구들이 여행 가자 하면 어떻게든 빠져나가려했고, 순전히 관계 유지를 목적으로 참석하는 경우도 있었다. 그리고 또다시 대학 동기들과 놀고 기숙사 1층 구석에 쭈구려 앉아 새벽 5시를 기다렸다. 시간이 지나자 모두 돈이 떨어졌고, 해야 할 일들이 생겼다. 전에 비해 만나는 시간은 줄고 빈도도 줄었다. 고등학교 친구들도 각자의 일로 바빴고 슬슬 군 입대를 했다.

나름 열심히 대학생활을 하다 보니, 어느덧 4학년이 되었다. 취업 준비를 하다 보니 고등학교 친구들이 그리워졌다. '이젠 학생생활도 얼마 안 남았구나' 대학교 4학년은 학생 인생 중 노년 말기다. 여행 많이 못 간 것과 친구들과 시간을 많이 보내지 못한 게 아쉬웠다. 외로웠다.

그래서 시간 여유가 있을 때마다 친구와 선후배를 만났다. 고등학교 친구들과 어쩔 수 없이 약속 잡던 내가, 이젠 먼저 만나자고 얘기했다. 과거의 잘못을 사과하고 잘 지내고 있다. 친구들이 너그러워서 다행이다.

졸업한 지금도, 대학 동기, 선후배, 고등학교 친구들에게 먼저 연락한다. 나는 친구 덕에 즐겁고 행복하다. 인생 말기가 아닌 학생 인생 말기에 깨달아서 다행이다.

넓을수록 흔들리지 않는다

"인간은 이기적이다. 생존과 번식을 위해 타인보다 자신의 이익을 취하며 산다. 친구나 동료에게 호의를 베푸는 건 그에 따른 이득이 있기 때문이다. 인간은 탐욕스럽고 더러운 존재이니 믿지 마라. 이것이 현실이다."

위 말은 사람에 대한 현대사회의 정론이다. 이런 믿음은 과거에도 있었다. 위대한 스승들은 인간의 본성을 경계하고 질서를 세우기 위해 가르침을 설파했다. 그럼에도 여전히 이러한 믿음은 사라지지 않았다. 오히려 인간 불신론, 물질만능주의가 팽배해지고 있다. 더 많은 돈, 더 저질스러운 쾌락만 추구한다. 인구과잉과 한정된 자원 그리고 교육의 부재가 원인이다. 사람들은 물질적 여유만 추구하고 있다. 우리는 이제 정신적 여유를 추구해야 한다.

사람의 모습은 여유가 있을 때와 없을 때로 나뉜다. 사람은 일관된 모습만 보여주지 않는다. 큰 사고가 벌어져도 평온하게 대처할 때도 있지만, 작은 사고에도 크게 반응할 때도 있다. 밥 먹기 전엔 "안돼.", 밥 먹은 후엔 "돼." 전날 밤엔 "사귀자." 오늘 아침엔 "헤어지자." 나는 이 현상을 고등학생 때부터 연구해왔다.

연구 결과, 여유의 차이 때문이었다.

아무리 돈이 많아도 여유가 없는 사람이 있는 반면, 가난하고 건강하지 않아도 여유가 넘치는 사람이 있다. 행복을 그리는 화가라 불리는 야수파 화가, 앙리 마티스는 말년에 관절염으로 붓을 쥐기 힘들어지자 손에 붓을 묶어 그림을 그렸다. 나중엔 이것조차 어려워져 색종이를 가위로 오려 붙여 작품을 만들었다. 최후의 로마인이라 불리는 가톨릭의 성인, 보에티우스는 사형수로 투옥되었을 때, 〈철학의 위안〉을 집필했고, 이는 세계 3대 옥중 문학으로 분류되었다.

세계 2차 대전 당시 유대인 수용소에서 살아남은 빅터 프랭클 박사는 부인과 동료에 대한 사랑 덕분에 살아남을 수 있었다 한다. 그는 감옥에서 감수성이 예민한 사람이 체력 좋은 사람보다 더 잘 견뎠다고 한다.

"육체적으론 더 고생했을지라도 정신적인 면에서, 내면의 자아는 다른 사람에 비해 비교적 적게 손상당했을 것이다. 자신을 둘러싸고 있는 가혹한 현실로부터, 정신적으로 빠져나와 내적인 풍요로움과 영적인 자유가 넘치는 세계로 도피할 능력이 있었다."

정신적 여유는 일상을 버티게 해주고, 인생을 바꾼다. 그리고 정신적 여유는 사랑하는 사람들로부터 나온다. 연인과 친구 관계에서 나오는 사랑. 그것이 바로 각박한 현실 속에서 살아있음을 느끼게 해주는 여유다.

돈? 돈은 많은데 시간이 없다고 말하는 사람이 여유가 있다고 말할 순 없다. 한 사람의 선택과 태도는 내면이 얼마나 넓냐에 따라 달라진다. 세상엔 인생을 위한 조언과 격언이 넘쳐난다. "건강해야 행복하다." "가화만사성", "행복은 성적 순이 아니다." 이 모든 말의 배경엔 정신적 여유를 확장하라는 뜻이 담겨있다.

정신적 여유는 어떻게 확장하는가? 바로 사유! 사유에서 나온다. 무언가를 경험하고 자신의 배경지식과 가치관으로 분석, 해석하면 의식이 확장된다. 의식 확장이 곧 정신 확장이다. 의식 확장을 위해선 많은 경험을 해야 한다. 좋은 경험을 많이 할수록 좋다.

시간은 없고, 돈도 없는 사람들은 어떻게 경험을 하란 말이냐. 바로 예술이다. 너무 친숙해서 잊었을 수도 있지만 영화, 책, 드라마, 게임, 미술, 사진 모두 예술작품이다. 그러나 상업성만 띠며 1차적 쾌락만을 위한 작품은 제외다. 스트레스 해소, 섹스, 썸 등 한 가지 소재를 거대한 스케일, 자극적인 묘사로만 채운 영화는 인간 본능만을 자극한다. 영화도 예술영화가 있고 상업영화가 있다. 상업성과 예술성을 동시에 띈 작품은 명작이란 칭호와 함께 수많은 사람이 관람한다. 봉준호 감독의 영화가 그렇다. 책도 실용서가 있고 인문서가 있다. 실용서는 How를 인문서는 Why를 알려준다. 인문서가 질문을 던지는 책이기에, 사유하기 위해선 인문서를 읽어야 한다. 그래서 고전 명작 중에서도 문학, 역사, 철학 등 실용서보단 인문서가 더 많다.

드라마는 워낙 상업성이 짙다 보니 자극적인 소재들이 만연하다. 게임도 마찬가지지만 시대 불문 명작 반열에 든 게임은 고전이라 해도 무방할 정도로 뛰어나다. 명작 게임은 조작이나 게임성도 뛰어나지만 무엇보다도 스토리텔링이 대단하다. 게임은 영화보다 대중의 평가가 박하기에 평가 절하되는 경우가 많다. 영화로 나왔다면 시대의 평가가 달랐을지도 모를 게임이 많다. 게임은 다른 세계에 플레이어를 직접 뛰어들게 하고, 감동과 교훈을 직접 느끼게 한다. 캐릭터에 몰입하며 타인의 삶을 직접 경험할 수 있다. 게임으로도 충분히 사유할 수 있음을 알길 바란다.

작품 감상도 친구와 함께 하라. 좋은 작품을 자주 보는 것만으로도 충분히 사유를 즐길 수 있다. 그러나 사유도 공유하면 배가 된다. 내가 볼 수 없었던 걸 보는 재미가 쏠쏠하다. 필자는 영화를 볼 때,

누군가와 함께 본다. 뜨거운 감정으로 상영관 문을 쏴악 열고 나가며 "영화 어땠어?"라는 질문하는 맛은 말로 표현할 수 없다. 감상 직후 소감을 공유하는 건 갓 구운 고기를 먹는 것과 같다.

나의 4학년 이야기

취업 준비와 자격증 취득, 그리고 부전공 때문에 바쁠 줄 알았던 4학년. 취업은 잠시 미루기로 결정했고, 자격증은 학기 중엔 준비할 일 없었으며 부전공 또한 시간을 잡아먹지 않았다. 그 어느 때보다 여유로운 시기가 되었다. 아침에 일어나 연구실 가서 잡일하다가 강의 듣고, 집에 가는 게 일상이었다. 덕분에 독서와 운동에 시간을 많이 쓸 수 있었다. 정신과 신체가 건강할 수밖에 없는 구조였다.

그래도 아쉬우면 동기나 후배를 만났다. 연구실에 있다 보면 강의 들으러 온 동기들이 자주 찾아왔었는데, 그들은 1학년 때와 달라진 것 하나 없이 놀았다. 술 마실 때도 자리를 비우면 잔 채우고 선동하는 것도 여전했다. 대화도 주제만 바뀌었지, 중간에 드립 치고 끼어드는 건 여전했다. 대화를 많이 하면서 느낀 건데, 동기와 후배는 대화 주제가 많이 달랐다. 졸업을 앞둔 동기들은 옛날 얘기나 하지, 근심 걱정을 이야기하지 않았다. 각자 알아서 자기 길을 찾아서 갔다. 후배들은 4학년이 된다는 것, 졸업 후 진로 등 미래에 대한 고민을 주로 토로했다. 같은 고민을 했던 선배 된 자로서 후배들의 고민을 잘 들어주었고, 같은 고민을 했던 경험을 나누었다. 그러다 보면 몇 시간씩 지나있었다. 도움이 많이 되었고, 고마웠다는 말을 들으면 내 할 일 했다는 생각하며 집에 갔다. 시간은 많고, 운동 때문에 닭 가슴살에 흰밥, 김치만 먹다 보니 돈도 많았다. 풍요로운 생활을 하다 보니 모든 것에 관대해졌다. 블로그에는 밝고 유익한 글을 많이 포스팅했다.

졸업을 했고, 주경야독을 시작했다. 낮에는 일을 하고, 밤에는 책을 썼다. 항상 시간이 부족했다. 8시 출근해서 19시에 퇴근하고, 19시부터 크로스핏을 갔다가 21시부터 책 읽고 책을 썼다. 할 일이 넘치다 보니 여유는 점점 줄어갔다. 일 잘 해서 커리어에 자랑스러운 한 줄 쓸 수 있는 사람이 되고 싶었고, 책 또한 베스트셀러를 목표로 했다. 목표는 높은데 성취는 더뎠다. 스트레스는 많아졌고, 사건 사고도 연달아 터졌다. 정신적으로 많이 힘든 시기다 보니 블로그 글도 많이 어두웠다.

그 시기를 벗어날 수 있게 해준 건 친구였다. 블로그 글이 어두울 때, 먼저 연락해 걱정해주던 군대 선임, 나와 같은 일잘러가 꿈인 대학 동기, 나의 어려움을 이야기할 수 있었던 친구, 나에게 최고의 모습을 기대하는 후배, 이 친구들 덕분에 나는 다시 일어설 수 있었다. 나는 혼자가 아니었다. 힘들고 어려운 상황에서 누군가 지켜보고 있다는 믿음은 정말 큰 힘이 되었다. 혼자가 아니라는 느낌은 압박과 스트레스를 작아지게 하는 여유로움이 되었다.

당신은 평생 친구를 사귀어야 한다

인간은 사회적 동물이다. 집에서 혼자 모든 걸 할 수 있다고 생각할 수도 있다. 그러나 집, 컴퓨터, 스마트폰 모두 다른 사람이 만든 것이다. 인간은 연결을 통해 살아간다. 우리는 이것을 인연이라 부른다. 부모 자식, 스승 제자, 반 친구 등 필연, 상황으로 만들어진 인연이 있는가 하면, 직장, 거래, 투자 등 필요로 인해 이어지는 인연도 있다.

어떤 인연이 더 좋다고는 말할 수 없다. 그러나 필연적인 인연이 필요한 인연이 되는 것이 베스트임은 분명하다. 그저 정, 의무로 연이 이어지고 있다면 끊어지기 직전의 밧줄과 다름없다. 위태롭고 불안한 인연을 맺고 있다면 더 큰 목표를 향해 나아갈 수 없다. 평생 먹고살기 바쁘다는 말만 하고 살게 된다.

필연과 필요로 맺어진 인연은 당신을 안정시킨다. 자존감과 안전감이 높은 당신은 앞으로 나아갈 때, 두려울 게 없다. 회복탄력성이 강한 사람이 된다. 혼자가 아니라는 느낌은 좌절에서 빠르게 벗어나게 해준다. 그리고 성숙한 사람이 된다. 이기적인 행동은 줄어들며 내 사람이 더 잘 되길 바라며 생산적이고 이타적인 활동을 하게 된다. 결국은 행복하게 된다.

당신은 평생 친구를 사귀어야 한다.

Chapter 3.

친구가 없으면 손해보는 것들

친구가 없어도 된다?

"친구 따위 없어도 잘 산다!"

친구가 없어도 된다는 믿음이 강해지고 있다. SNS, 게임, 영상물 등 즐길 거리가 많고, 멀리 떨어져 있어도 소통이 원활하기 때문이다. 그런데 과연 인터넷 혁명의 산물이 친구의 필요성을 낮출 수 있을까? 전혀 그렇지 않다. 온라인 세상은 오프라인의 보조 수단일 뿐이다. 추가 콘텐츠가 주 콘텐츠를 보완할 순 있어도 대체할 순 없다. 이 관계가 역전되는 순간 많은 문제가 발생한다.

이는 경제 시스템으로도 확인이 가능하다. 경제는 소비경제와 자산경제로 나뉜다. 소비경제는 우리가 실제로 사고파는 실물경제, 자산경제는 투자, 예적금 등 금융경제를 말한다. 자산경제는 소비경제를 보조하기 위해 생겼다. 소비경제는 만들고, 배달하고 파는 과정을 거치기에 시간이 오래 걸린다. 즉, 생산성에 한계가 있다. 그러나 자산경제는 클릭 한번에 많은 돈이 오간다. 한계가 없다. 그래서 돈의 90%가 자산경제에서 돌고, 10%만이 소비경제에서 돈다.

문제는 경제 활동하는 사람의 90%가 소비경제에서 활동한다는 점이다. 10%의 돈을 90%의 사람들이 갖고, 90%의 돈을 10% 사람들이 갖고 있다. 산업화 시대까지만 해도 소비 경제 50% 자산경제 50% 비율이었는데, 지금은 역피라미드 구조가 되어 상당히 위태로워졌다. 환율, 금리, 부채 문제가 우리 생활에 큰 영향을 끼치는 이유다. 자산이 소비를 역전했기에 발생한 문제다.

인터넷도 마찬가지다. 만남의 연장선이 되어야지, 인터넷이 주가 되어선 안된다. 인간은 결국 오프라인에서 생활한다. 온라인에 심취하면 일상생활이 어려워진다. 화려한 인플루언서와 망가진 자신, 스펙터클한 영화, 게임과 자신의 지루한 일상을 비교한다. 자연스레 자존감이 낮아지며 위축된다. 그렇게 악플을 달다가 경찰서에서 셀럽을 마주하게 된다.

인터넷은 모든 것을 만족시켜주는 것 같지만 항상 마음을 결핍시킨다. 인간이 행복을 느끼는 순간은 안정적일 때다. 인터넷이 본인을 안정시켜줄 거란 잘못된 믿음이 중독의 시작이다. 인터넷은 자극의 늪으로, 사람들을 쾌락에 빠뜨려 못 나오게 한다. 여기서 빠져나오지 못하면 건강한 삶을 살지 못한다.

코로나19가 터진 2020년도, 자택 근무와 비대면 수업이 좋다는 설문조사와 연구가 쏟아져 나왔다. 대면 사회에 염증을 느끼던 사람들은 반가워했다. 사람들은 집에서 일하고 수업을 들었다. 그러나 사태가 장기화되면서 비대면에 싫증을 느끼기 시작했다. 세상은 점점 예민해지고, 갈등이 많아졌다. 결국 거리두기가 풀리자마자 코로나 전 일상으로 돌아갔다.

코로나19 사태를 통해 봤을 때, 인간은 사람에 대한 갈증을 느끼고, 보조 수단이 아닌 직접 만남을 통해 완전히 해소할 수 있다는 걸 알 수 있다.

간극이 클수록 불만도 많아진다

친구가 없으면 현실과 동떨어진 삶을 살게 된다. 과거나 지금이나 친구 없이 혼자 살아가는 사람들은 현실에서 도피하려는 성향을 보인다. 과거에는 자연 속으로, 현대에는 인터넷 속으로. 인터넷은 현대 사회를 살아가는 우리에게 필수 도구다. 인터넷 덕에 글로벌 시대가 열렸다. 쇼핑, 일, 영화 등 외출하지 않아도 바깥일이 가능해졌다. 하지만 친구가 없으면 가상세계에 과몰입하게 된다. 과몰입은 결국 중독을 부르고, 내 안에 숨겨져 있던 자아가 나를 지배하게 한다.

사람의 인격과 자아는 활동 공간에 따라 다르다. 집에 있는 나와

밖에 있는 나는 다르다. 집에서는 짜증도 쉽게 내고, 집안일은 죽어도 안하려 한다. 하지만 밖에서는 감정 조절을 잘 하고, 일을 찾아서 한다. 이렇게 인격이 달라지는 현상을 심리학에선 페르소나, 온라인에선 콘셉트라 부른다. 문제는 인터넷 때문에 인격, 자아 간 괴리가 크게 벌어졌다는 것이다.

현실 자아는 실제 현실을 살아가는 자기 자신이다. 현실 경험을 바탕으로 사고하고 감정을 느낀다. 직접 보고 들으며 도전과 한계를 경험한다. 그렇기에 현실 자아는 좁지만 확실한 세계관을 갖는다. 이상 자아도 있다.

이상 자아는 자신이 원하는 자신의 모습이다. 우리가 목표를 갖는 이유가 이상 자아 때문이다. "아, 공부해야 하는데." 라는 말은, 성적을 잘 받은 이상적인 본인의 모습을 실현해야 한다는 뜻이다.

가상 자아는 인터넷, SNS를 살아가는 자신이다. 뉴스나 커뮤니티에서 만들어지는 작품으로 세상을 경험한다. 누군가의 해석으로 사고하고 감정을 느낀다. 본인이 직접 경험해보지 않아도 누군가가 해보고 알려준다. 가상 자아는 넓지만 분명하지 않은 세계관을 갖는다.

과거에는 현실 자아가 가상 자아보다 활동하는 시간이 많았다. 하지만 코로나19 사태 이후로 가상 세계의 영향력이 커졌다. 현실에서만 살던 사람들이 가상 세계에 들어왔고 이 곳이 자극적이고 편안

하다는 사실을 깨달았다. 자연스레 가상세계에서 활동하는 시간이 많아졌다. 많은 사람이 가상 자아의 사고관을 갖기 시작했다.

가상 세계에서는 뭐든지 쉽고 빠르다. 터치 몇 번으로 음식 배달, 영화 드라마 감상, 일상 공유 등 모든 게 가능하다. 밖에 나갈 이유가 없어졌다. 에너지를 덜 쓰고 원하는 걸 얻고 싶은 건 인간의 본능이다. 인터넷의 발전은 인간의 욕망을 충족시켜주었다.

하지만 과한 욕망은 인간을 파괴시킨다. 가상세계는 인내심을 고리타분한 가치로 전락시켰다. 현실에선 소통을 위해 인내심을 가져야 한다. 하고 싶은 말도 상황에 따라 해야 하고, 감정 표현도 쉽게 하지 못한다. 그러나 인터넷에선 그럴 필요 없다. 익명성이 보장된 공간에선 무슨 말을 해도 상관없다.

익명은 인터넷을 감정 화장실로 만들어버렸다. 나를 화나게 한 사람에게 폭언과 욕설을 퍼부어도 말리는 사람이 없다. 실제로 중재한다 해도 아무런 효과가 없다. 눈치 볼 필요가 없다는 말이다. 사람들은 감정적으로 변했고, 아무도 말릴 수 없다. 가상 자아의 힘은 점점 강해지고, 감정적으로 변해버렸다.

무소불위의 권력을 갖게 된 가상 자아들은 이상 자아의 잣대를 타인에게 들이밀기 시작했다. "의사가 사람 구하는데 신경 써야지 왜 돈을 밝혀?", "여자 친구도 생겼으니까 다이어트 좀 해라." 같은 비판과 조언은 아무나 하는 게 아니다. 군 면제받으려고 해외 도피한 사람이 하는 국방부 비판은 어떻게 들리는가? 비판과 조언은 신뢰가 있어야 할 수 있다.

코로나19 사태는 가상과 현실의 융합을 이끌어내었다. 가상 자아가 현실까지 넘보기 시작했다. 현실에서도 비판과 비난이 난무하기 시작했다. 때문에 갈등이 넘친다. 남녀 갈등, 세대갈등, 노사갈등 모두가 모두를 적으로 간주한다.

소통을 위한 창구였던 인터넷이 불통의 세상을 만들었다. 우리는 인터넷이 아닌 친구가 필요하다. 가상 자아의 영향력을 줄이고, 이상 자아와 현실 자아의 괴리를 줄이려면 소통이 필요하다.

그들만의 세상

과도한 인터넷 사용은 우리를 빈곤하게 만든다. 인터넷에선 하루에도 수백 개씩 자극적인 콘텐츠가 올라온다. 결국 누구도 믿을 수 없는 세상이 된다.

2022 에델만 신뢰도 지표 조사에 따르면, 전 세계 27개국 중 한국인의 자국 신뢰도는 최하위 수준이다. 기업, 정부, 미디어 모두 믿을 수 없는 수준이다. 그중 미디어는 33%로 최하위였다. 사회분열을 초래하는 기관으로도 미디어가 58% 가장 높았다.

이는 당연한 결과다. 강력 범죄, 중대사고, 음모론 등 자극적인 소재로 미디어는 세상에 공포를 퍼뜨린다. 누구나 가해자, 피해자가 될 수 있다는 믿음이 퍼진다. 미디어가 사람과 사회를 믿지 못하게 만들었다. 믿음을 상실하면 의지 또한 잃는다.

또 다른 예시를 들어보자. 대학교 2학년 임제석은 체육대회 뒤풀이에서 깽판을 쳐 학과 사람들에게 찍혀버렸다. 다음 날 학교에서 본 후배들은 인사도 안 하고, 동기들도 불편한 기색을 보였다. 제석은 깽판 치는 사람이 한두 명도 아니었는데, 본인한테만 엄격하게 굴어 억울하고 화가 났다.

'잘 해줘 봤자 남는 거 하나도 없다!'

속으로 모두를 저주하며 집에 돌아온 제석은 대학 커뮤니티에 들어갔다. 혹시 어제 사건을 누군가 올리진 않았을까 걱정이었다. 폭행남, 공중제비 남, 중앙선 데칼코마니 같은 단어를 쳐도 나오지 않았다. 제석은 안심했다. 학과에서만 철판 깔고 다니면 된다. 그런데 게시판을 쭉 둘러보니 제석과 비슷한 사례가 많다. 어장관리, 과제 셔틀, 호구와 틀 등 누군가에게 당한 썰이 엄청 많다. 나만 이랬던 게 아니구나 하고 위로가 되었다. 한참을 읽고 새벽 2시, 침대에 누워 천장을 바라보았다. 아침에 인사 안한 후배 석민이 떠올랐다.

'평상시에 그렇게 잘 챙겨줬는데 감히 니가?'

제석은 분한 마음에 익명게시판에 글을 썼다.

○○대 ㅂ과 S야. 인생 그렇게 살지마라. 과제 하나도 모르겠다고 도와달라 할 땐 언제고, 이젠 인사도 안 하냐.

오늘 아침에 눈 마주쳤는데도 그냥 지나가는 거 보고 진짜 충격이었다.'

석민에게 과제를 시켰던 제석은 홧김에 글을 게시했다. 반응은 뜨거웠다. "이래서 잘 해줄 필요가 없어요 ㅋㅋ", "S 누군지 알 거 같은데." 제석은 통쾌했다. 석민을 제대로 망칠 수 있겠단 생각에, 부계정을 파서 자신의 글에 댓글을 달았다.

"혹시 박X민?"

제석은 제석은 댓글을 달자마자 좋다고 킥킥대며 구르기 시작했다. "실명 거론, 무섭네" "이 사람, 내일부터 일상생활 가능할까?" 대댓글이 달린다. 다음날 석민이 힘들어할 걸 상상하니 너무나도 즐거웠다. 친구들을 무서워할 거 생각하니 쌤통이다.

다음날 학교, 강의실 문 앞까지 온 제석은 석민이 머리를 박고 힘들어하고 있을 걸 기대하며 문을 열었다.

시끌시끌하다. 맨 앞 컴퓨터 주변에 후배 3명이 떠들고 있고, 맨 뒤 창문 쪽에 선배 4명이 휴대폰을 만지거나 엎드려있다. 그리고 문 옆 벽 쪽에 후배와 동기 5명이 떠들고 있고, 그 중앙엔 석민이 웃고 있다. 순간 놀란 제석은 4초 간 그들에게서 눈을 떼지 못했고, 그 사이에 석민과 눈이 마주쳤다. 숨이 턱 막혔다. 석민이 고개를 돌리고 다시 대화에 집중한다.

'뭐야. 어떻게 된 거지?' 제석은 당황했다. '아무도 모르는 건가?

분명 실시간 베스트까지 갔는데?' 대화를 엿듣기 위해 대각선 앞자리 앉았다. 석민은 취업스터디하고 술 마시러 갔단다. 내일엔 보드게임카페나 가자고 한다.

제석은 허탈했다. '참교육했다고 생각했는데, 혼자만의 망상이었다니. 그런데 왜 나만 빼고 술 마시러갔지.' 그는 다시 분노했고, 다시 커뮤니티에 들어갔다.

인터넷에는 분노와 공포가 만연하다. 이중 과장과 거짓이 얼마나 섞여 있을지는 확인하기 어렵다. 그래도 우리는 미디어를 찾아보게 된다. 미디어의 중독성은 너무나도 강하다. 할 거 없으면 본다. 한번 보기 시작하면 시간 가는 줄 모른다. 쓸데없이 소모되는 시간이 많아진다.

쉽게 생각하고 쉽게 행동한다

사람은 큰 사건을 겪으면 전혀 다른 사람이 되기도 한다. 이는 집단에도 똑같이 적용된다. 그렇기에 우리 역사, 그중에서 최근에 발생한 역사적 사건을 잘 알고 있어야 한국의 사회문화를 이해할 수 있다. 한국인은 IMF 금 모으기 운동과 2002 한일 월드컵에서 집단의 힘을 경험했다. 실제로 효과가 있었다 말하기 어렵지만 그 당시 사람들에게 이 경험은 기적과 같았다. 그래서 한국인은 집단으로 무언가 하는 걸 굉장히 좋아하게 되었다.

문제는 집단의 힘이 올바른 곳에만 쓰이지 않는다는 점이다. 인터넷은 집단의 힘을 극대화했다. 키보드와 몇 번의 터치로 같은 편을 모으고 누군가를 공격하는 게 일상이 되었다. 마음에 들지 않는 점이 있으면, 우르르 몰려가 온갖 욕설과 공격을 퍼부어 자신들이 원하는 걸 얻어낸다. 작은 실수한 크리에이터를 은퇴시키고, TV 프로그램도 없애고, 유명인을 악플로 죽이기까지 한다. 이미 맛을 봐버린 사람들은 힘을 놓기 어렵다. 어차피 자기 잘못 아니라고 생각한다.

친구는 경쟁의 대상일까?

우리나라는 수년 간 자살률 1위를 기록하고 있다. 10대와 20대의 사망원인 1위도 자살이다. 한국인들은 무엇 때문에 이렇게 자살률이 높은 걸까. 과도한 경쟁? 입시 위주의 공부? 이 둘이 모든 것을 설명해주진 못한다. 정말 원인을 몰라서 해결 못하고 있는 건지, 알고도 방치하는 건지 알 수가 없지만, 원인은 이미 100여 년 전에 나왔다.

인간은 유일하게 정신질환이 아닌 이유로 자살할 수 있는 동물이다. 대표적으로 일본의 할복자살이 있고, 전쟁터에서 숭고한 희생을 하는 사람들이 있다. 이처럼 인간은 다양한 이유로 자살을 한다. 인간은 생존과 번식을 위해 사는데, 도대체 왜 자살을 한단 말인가? 이를 연구한 19세기 말 프랑스 사회학자, 에밀 뒤르켐은 한국의 자살 이유를 두가지 제시하고 있다.

첫 번째, 과도한 개인주의. 사회적 동물인 인간은 혼자가 될수록 자살률이 높아진다. 주변 사회 네트워크가 끈끈할수록 일탈이 적어지고, 자살률도 낮다. 관계에 둘러싸여 있을수록 개인행동을 억제해 준다. 이 말을 들어보면, 88년도를 그린 한국 드라마가 떠오른다. 과거엔 '먼 친척보다 가까운 이웃이 낫다.'는 말이 있을 정도로 이웃과의 관계가 좋았고 가까웠다. 그렇기에 어딜 가서 뭘 하든 보는 눈이 있었다. 힘든 일이 있으면 도와주며 살기도 했었다. 그러나 그것도 잠시 인구가 폭발적으로 증가하며 아파트를 많이 지었다. 아파트는 과거 주택단지와 다르게, 이웃이 바로 옆에 붙어사는데도 교류가 거의 없다. 사람들은 자연스레 이웃과 멀어졌다. 이는 개인주의 확산과 일탈의 증가를 불렀다.

두 번째, 높은 교육열. 한국의 교육열은 전 세계 사람들이 알아준다. 자식이 잘 되길 바라는 부모의 마음과 공부 잘해서 성공하겠다는 마음이 합쳐져 높은 교육열이 만들어졌다. 교육열이 높으면 문맹률은 낮아진다. 실제로 한국의 문맹률은 상당히 낮은 편이다. 전국에 한글 못 읽는 사람이 없다. 그런데 문맹률이 낮을수록 자살률이 높다는 걸 아는가. 에르밀 뒤캠은 가톨릭, 개신교 국가의 문맹률과 자살률을 비교 분석해보았는데, 개신교의 문맹률이 낮고 자살률은 높았다. 개신교 국가는 국민이 성경을 이해할 수 있도록 초등교육을 장려했다. 그 과정에서 교육열이 높아졌고, 지식 욕구도 높아져 높은 수준의 개인이 많이 나타났다. 수준 높은 개인은 집단에서 벗어나려 하고 개인주의를 추구한다. 개인주의가 강할수록 일탈도 증가한다.

아이러니하게도 교육열이 높은데, 자살률이 낮은 경우도 있었다. 바로 유대교다. 1852년부터 1859년까지 오스트리아의 인구 1백만 명당 세 종교 자살률을 비교해본 결과, 개신교 79.5명, 가톨릭 51.3명, 유대교 20.7명이었다. 다른 국가들도 비슷한 수치로 조사되었다. 유대교는 다른 종교에 비해 2~4배 낮은 자살률을 보였다. 이는 유대교의 남다른 교육관 때문이었다. 다른 집단은 교육을 경쟁 수단으로 보지만, 유대교는 생존 및 반성 수단으로 본다. 즉, 성찰을 위한 교육을 한다. 다른 이는 교육으로 종교를 탈출 하지만 유대인은 종교를 지키려 했다. 이들이 전 세계를 지배하는 이유도 이런 교육관 때문일까. 남다른 사고관인 남다른 결과를 이뤘다.

한국은 개인주의 성향도 높고, 경쟁을 위한 교육열도 높기 때문에 자살률이 높다. 이 둘이 결합해 친구를 비교와 경쟁의 대상으로 보게 되었다.

'쟤보다 공부 잘해야 돼.'

'쟤보단 내가 낫지.'

'하, 쟤는 부모 잘 만나서 놀고먹고 사는데 나는.'

이런 시각으로 친구를 보니까 친구가 없는 거다. 시기와 질투는 모든 인간이 갖는 보편적인 특성이다. 한국 교육은 이런 특성을 억제 하기는커녕 더 잘 드러내도록 부추긴다. 생산적인 친구관계를 갖지 못하면 더욱 가속화된다. 우리는 교육을 통해 신비주의에서 탈출했다. 눈에 보이지 않거나 과학으로 증명되지 않은 건 믿지 않는다. 그래서 우정, 사랑 등 관계에 관한 말을 하면 오그라들고, 생각하기도 부끄러워한다. 현재 한국에선 개인으로 살아남기 어렵다. 더 나은 삶을 살고 싶다면 더 끈끈하고 깊은 친구관계를 가질 필요가 있다.

우물 속 삽질

친구가 없으면 헛고생하는 시간이 많아진다. 인간은 혼자만의 생각과 행동으론 성장할 수 없다. 개인이 겪을 수 있는 경험이 한정적이기 때문이다. 그런데도 본인의 생각이 맞다며 타인의 조언을 무시하는 사람들이 있다. 우물에 빠졌길래 밧줄을 던져줬더니 되레 화를 내고 삽질을 하는 꼴이다.

어떠한 문제든 혼자 해결하려는 태도는 시간과 에너지를 낭비한다. 물론 의지와 끈기를 기를 순 있겠지만 자극으로 가득한 현대 사회에선 어려운 문제다.

없을수록 허영심을 부린다

허영심은 모든 세대 중 10대, 20대에게서 가장 많이 보인다. 신체의 최전성기이지만 돈과 능력이 없기 때문이다. 갖고 싶은 건 많은데, 현실적으론 가질 수 없다. 이들에겐 젊음이 곧 사는 것이고, 늙음이 곧 죽는 것이다. 죽기 전에 하고 싶은 게 너무 많다. 이런 현실을 해결하기 위해 허세 부리고, 과시해 자신을 부풀리기로 했다. 비용은 적은데 효과는 좋은 가성비 전략이다. 질소가 가득 포장된 과자와 같은 일상을 즐긴다. 하지만 시간이 지날수록 포장지는 삭고, 과자는 양도 적은데 맛도 없어져 버린다.

허영심은 젊음의 죽음이 두렵기에 나타난다. 죽음이 두렵기에 욕망을 끊지 못한다. 가는데 순서 없다는 말처럼 사람은 언제 죽을진 아무도 모른다. 언제 갈지 모른다는 두려움은 사람을 조급하게 한다. 욕구에 더 집착하게 하고, 판단을 흐리게 한다. 그리고 욕구에 대한 조급함은 허영심으로 나타난다.

허영심은 삶을 잘못된 방향으로 이끌어간다. 큰 쾌락을 조급하게 얻으려다가 쉬운 길을 택하게 되고, 쉬운 길에 맛들려

내리막길만 가게 된다. 죽음의 두려움이 우리를 잘못된 방향으로 인도한다면, 그것은 참으로 안타까운 일이다. 삶이 있으면 죽음도 있는 것이다. 우리는 결국 언젠간 죽는다. 죽음은 우리가 통제할 수 있는 문제가 아니다. 그렇기에 통제할 수 없음을 받아들이고 두려워하지 마라.

운명을 긍정하고 사랑해야 한다. 언제 떠날지 모르는 존재이기에 시간을 낭비할 수 없다. 더 크고 자극적인 쾌락을 위해 시간을 쓰지 마라. 인간을 흥분시키는 뇌 신경전달물질인 도파민은 내성이 있기에, 큰 쾌락을 받으면 나중에 더 큰 자극을 요구한다. 인간의 욕망이 끊임없는 이유도 이 때문이다. 그리고 쾌락이 클수록 고통도 크다. 뇌에서 고통과 쾌락을 느끼는 부위는 거의 같기에 쾌락이 클수록 고통도 큰 법이다.

고대 그리스에서는 고통과 쾌락을 다루는 법을 연구하는 두 학파가 있었다. 스토아학파는 쾌락을 절제해야 한다고 주장했다. 어떤

것에 의해서도 마음이 움직이지 않는 상태를 추구했다. 이들은 쾌락을 느끼지 않음으로써 고통을 느끼지 않으려 했다. 즉, 정신승리나 다름없었다. 이와 반대로 에피쿠로스 학파는 최소한의, 지속적인 쾌락을 추구했다. 쾌락을 최소한으로 느끼면 고통 또한 최소화되리라고 생각했다. 에피쿠로스 학파는 소소하지만 지속적인 쾌락을 추구한 거다. 그렇다면 소.지.쾌를 실천하는 방법은 무엇일까. 답은 친구다. 이들은 친구들과 건설적인 이야기를 하고 노래 부르며 소소한 행복을 누렸다.

돈이 가장 중요하다면 공허하다

"덕은 근본이고 재물은 말단이다. 근본은 도외시하고 말단을 일차적인 것으로 여겨 추구한다면 백성과 이익을 다투게 되니 이익을 쟁탈하는 가르침을 베푸는 결과를 초래할 것이다."

－대학 10장－

돈, 재화를 1순위로 생각하는 건 현대인만 갖고 있는 사고관이 아니다. 옛날이나 지금이나 물질을 우선시하는 건 마찬가지다. 물론 살기 위해선 물질이 필요하다. 그러나 생존을 인생의 1순위 목표로 정하는 건 너무 비참하지 않을까? 삶의 공허함은 인생의 우선순위가 무엇이냐에 따라 달라진다.

군인, 소방관의 희생정신은 우리에게 존경과 숭고함을 느끼게 한다. 만약 이들이 자신의 생존을 최우선으로 생각한다면, 희생은 불가능하다. 숭고한 희생은 우리 마음 한 곳에 자리 잡아, 정신력을 강화해준다. 이러한 정신적인 가치는 이상이 되어 우리의 삶을 생산적인 방향으로 이끌어준다. 우리 주변을 건강한 공간으로 만들겠다는 정신은 공허함을 채워줄 수 있다. 생산적인 삶은 불완전한 우리 삶의 결핍을 채워준다. 정신적 가치를 우선으로 생각해야 공허함을 물리칠 수 있다.

물론 물질로도 공허함을 채울 순 있다. 마음이 담겨있다면. 쾌락을 위해 사는 상품은 일시적이다. 그러나 의미가 부여된 물건은 다르다. 자식이 첫 월급으로 준 용돈, 아버지가 선물해준 손목시계, 연인이 무심한 척 건네준 꽃 등 마음이 담겨있는 물건은 물건이 아닌 마음으로 존재한다. 이런 선물을 갖고 있는 사람은 혼자 있어도 행동을 함부로 하지 않는다. 항상 사랑하는 사람과 함께 있기 때문이다. 마음이 깃든 물건만으로도 생활이 가능하다. 최근에 유행했던 무소유, 미니멀 라이프이 그 예시다. 세계적인 집 청소 컨설턴트 곤도 마리에는 설레지 않은 물건을 버려야 한다고 말한다. 그것이 집을 어지럽히기 때문이다. 아무리 많이 버려도 영혼이 깃든 물건만 있다면 집이 가득 차 보인다.

정신을 1순위로 하는 사람은 그 자체로 돈이 들어온다. 돈을 1순위로 하는 사람은 정신이 결핍되어 있어 계속 공허하다. 기업의 경우에도 돈이 우선인 기업은 오래가지 못한다. 그에 반해 가치를 우선으로 하는 기업은 망하지 않는다. 기업의 브랜드는 소비자의 이상을 실현해준다.

정신적 가치는 사람을 모으고 재물도 모은다. 공허함을 버리고 싶다면 정신적 가치, 생산적인 가치를 우선시 하라.

평생 친구를 만드는 건 큰 성공이다

평생 친구을 사귀려는 노력을 하지 않으면 야생 인간의 삶만이 기다린다. 함께 하면 금방 할 일도 혼자 하며 시간과 에너지를 낭비한다. 인간은 의지의 동물이 아닌 상황의 동물이다. 당신이 생각하는 것 이상으로 사람은 상황과 환경에 따라간다.

친구가 없으면, 작은 충격에도 불안하고 불안정할 수밖에 없다. 인생에 닥쳐 올 필연적인 충격과 공포를 혼자 맞선다는 건 애니메이션 주인공도 못한다. (주인공도 친구나 동료가 와서 도와준다.) 불신 지옥은 종교만의 이야기가 아니다. "나는 나만 믿는다." "나는 누구도 믿지 않는다."라는 독고다이들의 말이 멋있긴 하지만 실제라면 다 죽는다. 인류의 형벌 역사를 보면 '독방에 가두기'는 항상 있었다. 군대에도 근신이라는 징계가 있다. 가장 안타까운 사망원인 또한 고독사다. 혼자가 된다는 건 죽음이다. 평생 혼자가 좋다는 건 비이성적이고, 비합리적인 선택이다.

평생 친구를 만드는 건 인간으로서 큰 성공이다. 부디 혼자서 모든 걸 해결하려 하지 말고, 주변에 도와줄 수 있는 친구가 있음을 알기 바란다. 이제 평생 친구를 사귀는 방법에 대해 알아보자.

Chapter 4.

평생 친구를 20대에 사귀는 여섯 가지 방법

당신에게 지금 필요한 대인관계 기술

평생 친구를 사귀기 위해선, 자신도 끊임없이 노력해야 한다는 것을 명심하라. 인격을 키우고 대인관계 기술을 배워야 한다. 자신이 인격도 낮고, 사람 대하는 법도 모르는데, 있는 그대로를 사랑하길 원한다면 요행을 바라는 것과 같다.

인격과 성격은 다르다. 성격은 사람마다 갖고 있는 고유의 성질이다. 인격은 사람으로서 품격, 일관된 성격과 경향 그리고 행동 패턴을 말한다. 인격, 성품, 인품 다 비슷한 말이다. 성격에 인격을 더해 개선 및 강화를 이룰 수 있다. 기질이 뿌리, 성격이 줄기, 인격이 잎이다. 인격이 높은 사람은 뒤에서 아우라가 뿜어져 나오며 많은 사람에게 영향을 준다. 이 사람들은 사고방식과 태도가 압도적이라 인상이 오래 남고 많은 사람이 그들을 따른다. 사람이 음식이라면, 인격은 냄새다. 음식 냄새가 좋을수록 많은 사람이 찾게 되고, 나쁠수록 사람들이 피한다. 평생 친구를 사귀기 위해선 인격이 높은 사람이 되어야 한다. 항상 곁에 있었으면 하고, 도움이 되는 사람 말이다. 인격을 높이기 위한 노력을 계속 하면 친구들과 생산적인 활동 또한 함께 할 수 있게 된다. 술과 노래 뿐만아니라 책 함께 읽기, 스포츠 배우기, 강연 들으러 다니기 등 유익한 활동을.

대인 관계술은 생산적 활동을 지속적으로 유지할 수 있게 해주는 윤활유와 같다. 아무리 유익하다 하더라도, 거친 말과 행동이 계속되면 시즌 2를 기획하기란 쉽지 않다. 대인 관계술은 학교에서 가르쳐주지 않는다.

학교는 인생에 필수적인 지식이나 기술은 가르쳐주지 않는다. 금융이나 대인관계는 알아서 배워야 한다. 그래서 나의 경험과 통찰을 바탕으로 서로 성장하고 안정적으로 관계 유지하는 방법들을 3가지 알려주겠다. 이 장에 나온 방법이 당신이 평생 친구를 사귀는 데 큰 도움이 되었으면 한다.

제1~3장은 인격을 기르는 법에 대해, 제4~7장은 대인 관계 기술에 대해 설명하겠다.

첫 번째 : 자신의 성격을 파악하라

나부터 좋은 친구가 되어라!

초등학생일 때 엄마가 자기보다 나은 친구를 사귀라는 말을 하신 적이 있다. 그 당시 나는 반골 기질 때문에 '나보다 나은 애가 나를 왜 만나줘?'라는 생각을 하곤 그냥 넘겼다. 좋은 친구를 사귀어야 나도 좋은 사람이 된다는 말이었는데, 그걸 그런 뜻으로 받아들이지 못했다.

"좋은 친구를 사귀어라." 참 좋은 조언이지만 딱히 방법이 있는 것도 아니고, 운의 영역이다 보니 좋은 친구를 만나기란 쉽지 않다. 물건이나 서비스도 아니고 '나 좋은 친구요' 하고 광고판이 달려있지 않다. 그렇기에 내가 좋은 친구가 되는 것이 더 빠르고 현명하다. 좋은 친구가 되면 좋은 사람들이 모인다. 이 친구들과 잘 지내기 위해 노력하면 평생 친구가 될 수 있다.

우선, 나의 성격, 대인관계 성향을 파악해야 한다. 본인의 기본값을 알아야 강점은 키우고, 약점은 보완할 수 있다. 그리고 좋은 친구가 되겠다고 본인 성격과 맞지 않는 컨셉을 잡지 않기 위해서다.

성격을 파악해야 하는 이유

성격을 파악하려고 해야 자기 자신을 알 수 있다. 자신을 알면 어떤 상태에서도 상황에 맞춰 유연하게 대응할 수 있다. 성격에 기본값이 있다고 하더라도, 어떤 감정에 더 크고 작게 반응하느냐의 차이지, 절대 불변의 요소가 아니다. 자신의 성격을 파악하면 성격을 바꿀 수 있다.

감정이 지속되면 성격이 된다. 누군가는 위기 상황에서 침착하고, 수능 시험 볼 때도 여유롭다. 그러나 자연상태의 감정은 시시각각으로 변한다. 필자도 여름철 야외 노동할 때, 같은 상황 다른 모습을 보일 때가 있다. 별로 덥지 않아도 야외 작업을 하기 싫어 안 나갈 때도 있고, 35도가 넘어가도 아무 말 없이 야외 작업을 할 때가 있다. 상황이 달라서 그럴까? 그럴 수도 있다. 그러나 외부 상황에 따

146

라 자신이 맞춰진다는 건 자기 계발적으로 전혀 도움 안 되는 말이다. 감정은 자신이 선택하는 거다.

7월 말 기온 32도, 습도 80%의 푹푹 찌는 한여름. 당신은 밖에 10분 정도 나와 있다. 어떤 감정이 드는가? 짜증난다고 말할 거다. 그런데 그 누구도 덥고 습할 때 짜증내라고 가르친 적 없다. 당신이 선택한 거다. 누군가에게 약속 신청했다가 거절당할까 봐 두려워해본 적 있는가? 거절의 두려움은 누구나 갖고 있다. 그 두려움을 자랑스러움으로 바꾼 사람도 있다.

필자는 자기 계발서를 많이 읽지 않는다. 첫 번째로 대부분 내용이 비슷하기 때문이다. 큰 줄기에서 작은 줄기가 나듯, 흐름 자체가 거의 같다. 두 번째 이유는 읽어도 따라 하지 않기 때문이다. 다 읽고 나면 '아 좋은 책이었다.' 하고 넘겨버렸다. 시간 낭비만 한 셈인 거다. 그래도 이젠 달라져야겠단 생각에 자기계발 세미나에 등록해 가보았다. 역시 책으로 읽는 것과 직접 보는 건 차원이 달랐다. 너무 좋았다. 두려움의 싹을 끊어버리란 말을 해주는데, 지금 당장 해보고 싶었다. 강사님께선 강의실을 나갈 땐 다른 사람이 되어 나가야 한다고 하셨다. 나는 나가기 전에 다른 사람이 되고 싶었다.

세미나는 2시부터 6시까지 진행된다고 했지만 어느덧 9시가 되어버렸다. 강사님의 에너지에 시간 가는 줄 모르게 강의를 듣고 있었다 서울에서 강릉 가는 막차가 10시 30분인데, 지금 출발해도 위험했다. 그래도 나는 바뀌고 싶었다. 그래서 QnA 시간에 미친 짓에 도전했다.

"질문을 드릴 건 아니지만 답을 해주셨으면 좋겠습니다. 제가 원래 거절에 대한 두려움이 많은 사람인데, 이번엔 바뀌고 싶습니다. 강사님, 다음 주 일요일 2시에 저와 커피 한잔 하시겠습니까!"

대답은 거절이었다. 이런 거절을 1000번 이상 받아보라고 조언하시며 목적을 따로 알려주고, 이메일 남겨준다면 고려해보겠다 하셨다. 단호하게 거절하실 줄은 몰랐지만 기회를 주시기도 했다. 답을 듣고 시간이 급해 서둘러 나가는데, 아마 다른 사람들에게는 창피해 보였을 수도 있겠다.

오히려 반대였다. 지하철까지 뛰어가는 내내, 나 자신이 자랑스러웠다. 강의실을 나서기 전에 다른 사람이 되었다.

많은 사람들이 물 흘러가듯 살아간다. 외부 상황에 자신을 맞춰가며 어디로 흘러갈지도 모르는 상태로. 그러면서 잘못되면 세상 탓, 남 탓을 한다. 사실은 자기 자신한테 문제가 있었다. 인생을 바꾸고 싶다면 물길에 저항하던지, 물길을 새로 파든 해야 한다. 평생 친구도 마찬가지다. 자신이 평생 친구를 사귈 상태가 아닌데, 좋은 사람이 자신과 평생 친구해주길 바라는 건 로또를 바라는 것과 마찬가지다. 성격을 파악하고 바꿔라.

성격을 파악하는 방법

성격 유형을 파악하는 지표는 많이 알려졌다. 2년 전, 혈액형을 제치고 한국의 성격유형 왕좌를 차지한 MBTI는 수많은 유행을 불러왔다. 유형도 여러 개며 해석도 다양해서 사람들에게 많은 사랑을 받고 있다. 그리고 애니어그램, Big5 등 성격 테스트는 종류가 다양하니 여러 가지 해볼수록 좋다.

성격 유형으로 희로애락을 언제 느끼는지, 대인관계법 등 다양한 것을 알 수 있다. 예를 들어, 필자의 MBTI는 ENTP이다. 이 유형은 직관은 뛰어나나 감각 능력은 열등하다고 한다. 사람을 편견 없이 바라보며 권위에 도전적이라고 한다. 편견 없이 본다는 건 포용력이 좋다는 뜻으로 해석했다. 이후 포용력을 강점으로 생각하고 더 많은, 더 다양한 사람들을 만나고 이야기하게 되었다.

권위에 도전적이란 말은 혁명적이라고 할 수 있겠지만 윗사람들과 충돌할 일도 많다는 뜻이기도 하다. 그렇기에 부모님과 싸우고 싶은 감정이 들더라도, '이건 부모님의 논리가 맞지 않은 게 아니라 내 성격때문에 그렇다.' 라며 잠재우게 되었다.

성격 유형을 활용할 때는 2가지 주의사항이 있다. 첫 번째는 본인의 이상향대로 테스트하여 이상한 결과를 내지 않는 거다. 잘못된 목표는 물론 자괴감까지 들 수 있으니 그러지 않도록 하자.

참고로 성격유형은 변하느냐는 논쟁이 있는데, 성격 유형은 변하지 않는다. MBTI는 심리학 3대 거장 칼 융의 이론을 토대로 만들어졌다. 그리고 그는 성격 유형이 변하지 않는다 믿었다. 성격 불변론자의 이론을 토대로 만든 것이니 성격유형은 변하지 않는다.

그럼 검사할 때마다 유형이 바뀌는 이유는 무엇일까?

성격의 주 기능을 억제했거나 열등 기능을 개발했기 때문이다. MBTI는 성격 기능이라는 요소가 있는데, 직관, 감각, 이성, 감정 4가지로 구성된다. 이 기능들은 각 유형별로 순위가 매겨지며 이에 따라 성격이 달라진다. ENTP는 순위별로 직관, 이성, 감정, 감각 순이다. 주로 직관을 사용하지만, 미술이나 작품 활동을 통해 감각 기능을 키울 수 있다. 즉, 기본 값은 변하지 않지만, 균형적으로 성격을 개발할 수 있다. 그래서 딱딱하던 사람이 부드러워지기도 하는 것이다.

검사 결과가 내게 맞는 성격 유형인지 헷갈릴 때 한 가지 방법을 주자면, 내가 죽을 때까지 검사 결과대로 살면 어떨지 생각해봐라. 만약 불편함이 느껴진다면 그 결과는 당신의 것이 아닐 수도 있다.

두 번째 주의사항, 성격 유형을 가지고 무기처럼 생각하지 말아라. 자신을 너무 좋아하는 나머지, 지금 현재 상태 그대로 살아가려는 이들이 있다. 이 사람들은 성격 유형 그대로 살려고 한다. 길들이지 않은 야생동물처럼 살아가겠다는 뜻이다. 본인의 잘못을 '난 원래 그래.'로 정당화하는 무책임한 생각이다. 그렇기에 성격 유형은 무기가 아닌 성장 동력으로 사용해야 한다.

성격 유형 중에 좋은 성격, 나쁜 성격은 따로 없다. 누구나 좋거나 나쁜 성격을 가질 수 있다. 좋은 성격의 필수 요소는 유연함과 수용성이다. 10년이면 강산도 변한다는 말이 있듯이 세상은 항상 변한다. 변화는 피할 수 없다. 변화에 맞춰 자신을 유연하게 맞춰갈 줄 알아야 한다. 유연해야 상황에 맞게 움직일 수 있다.

세상 모든 사람은 나와 다르다. 생긴 것에서 성격까지 모두 다르다. 다름을 인정하고 성격의 차이를 받아들일 수 있는가는 동등한 관계를 갖는데 필수적이다. 결국 서로 인간적인 성장형 경쟁이 아닌, 동물적인 파괴형 경쟁을 하게 된다. 그렇기에 다름을 수용할 수 있어야 친구를 사귈 수 있다.

유연함과 수용성은 받아들임을 말한다. 즉, 적응력이다. 좋은 성격은 적응력이 높은 성격이다. 매사에 긍정적인 사람은 아무리 힘든 일이 있어도 좋은 방향으로 해석하며 해결한다. 모두에게 친절한 사람은 다름을 인정하고 그에 맞게 행동한다. 적응력은 자신에 대해 연구하면 누구나 높일 수 있다. 성격 유형을 제대로 파악하라

나의 강점을 알아보는 법

나의 강점을 파악하면 나라는 사람을 더욱 이해하기 쉽고, 성장할 때 유리할 수 있다. 그러나 한국인은 자신의 강점을 파악하기 어려운 환경에서 자란다. 한국 교육의 특징은 한 가지 재능이 특출난 사람을 키우는 것이 아니라 밸런스 형 인재 양성에 초점이 맞춰져 있다. 수학만 잘 한다 해서 수학과에 진학하지 못하는 것이 예시다. 그리고 학생들에겐 시간 여유가 많지 않다 보니 자신이 어떤 사람인지 생각해볼 여유가 없다. 그렇다 보니 자연스레 자신의 강점을 파악하기 어렵고, 모르고 살아가는 사람도 많다.

강점을 알아보는 방법 중, 가장 정확한 것은 자신의 경험을 돌이켜 보는 것이지만 이는 상당히 광범위하다. 그렇기에 유료이지만 상당히 좋은 도구 하나를 추천한다. 바로 갤럽사에서 제작한 〈Strength Finder〉다. 30분간 진행되는 이 검사는 강점을 파악할 수 있게 도와준다. 도널드 클리프턴 박사가 40년간 1000만 명을 대상으로 인터뷰한 결과로, 인간의 강점을 34가지 유형으로 나누었다. 나 또한 이 덕분에, 강점을 발휘하고 다닌다. 나의 강점 TOP5는 행동, 커뮤니케이션, 존재감, 발상, 포용이다. 강점을 알고, 과거를 돌이켜 보니 나의 행동을 이해할 수 있었다. 덕분에 자연 상태였던 강점을 강화할 수 있었다.

자신을 알아보는 가장 정확한 방법

많은 사람들은 자기 자신을 알아보기 위해 많은 시간을 투자한다. 내 성격은 자기도 잘 모르고, 부모님도 잘 모른다. 순간순간의 상황으로 파악하기엔 전문성과 통찰력이 부족하다. 다른 사람에게 물어보는 것도 해석이 달라 종합하기 어렵다. 몇 년이 지나도 기억나는 사건으로 파악할 수도 있지만 너무 단편적인 정보다. MBTI, BIG 5, 애니어그램 등 많은 성격 테스트도 해보지만 나를 설명하기엔 뭔가 부족하다. 그렇다면 가장 정확하고 쉬운 방법은 무엇일까

바로 글쓰기다. 글쓰기는 자기감정, 생각이 담긴 순수 창작물이다. 하루, 일주일, 한 달, 일 년 볼때마다 글의 감상이 달라진다. 나는 과거의 내 글을 보면, 과거의 내가 더 현명하다는 생각이 들기도 한다. 아래 글은 2020년 3월 31일에 쓴 글이다.

파괴

지금까지 나는 타인의 의견이 나와 다를 때 '아, 이 사람이 나보다 더 잘 알기 때문에 그러는구나.' 했다. 하지만 그렇게 아들, 손님, 학생으로 살다보니, 남에게 나를 맡기는 격이 되어버렸다. 즉, 착한사람 증후군에 빠져버렸던 것이다. 이제는 그것이 옳지만은 않다고 생각한다. 내 주장을 펼칠 수 있어야 한다. 주식을 갖고 있는 회사의 주

인의식을 가져야 한다. 권위자가 옳다고만 생각하지 말아야한다.

과거의 글이 지금의 내가 잘 살고 있는지, 왜 이렇게 살고 있는지 말해주기도 한다. 내 성격, 생각이 어떻게 바뀌게 되었는지 보여주는 페이지다. 주인의식, 착한 사람 증후군 같은 말은 잘 알지도 모르는 말이지만, 일기에선 의미만 통하면 된다. 나에겐 시간 날 때마다 쓰는 노트 3권이 있다. 인생노트, 글쓰기 노트 그리고 영범실록. 인생노트는 경험을 바탕으로, 살면서 지켜야 하는 원칙과 신념을 적은 노트다. 글쓰기 노트는 사회, 책, 관계, 인생에 대한 생각을 과감 없이 쓰는 노트다. 그리고 영범실록은 2019년 5월 17일부터 현재까지 매일매일 기억나는 일과나 사건을 키워드로 기록하는 노트다.

자기에 대한 기록은 반드시 진심을 담아 솔직하게 써야 한다. 기분 나빠 있는 자신을 다시 보기 싫다는 이유로 기분 나쁠 때 쓰지 않겠다는 건 자기 기만이다. 누구에게 보여줄 의무도 없기에 쓰기를 두려워할 필요도 없다. 하지만 나는 몇 가지 사례를 보여주겠다. 아래 글은 인생노트 중 한 페이지를 발췌한 글이다.

고집부리지 말고 융통성 있게 행동하자

"내 주장보다 현명하고 타당한 주장이 있기 마련이다. 내 뜻만 고집하면 일을 망칠 수 있다."

"하나의 방법을 알게 되면 다른 것을 바로 알아보지 않고 먼저 결정해버리는 습관이 있다. 한 방법을 알게 되면 바로 다른 것도 알아보자."

매일 쓰지 않았다. 사실 위 주제를 매일매일 쓴다는 것도 미친 짓이다. 경험에 대한 감상을 간단하게 기록하는 것만으로도 어떤 삶을 살아왔는지, 내가 어떤 사람인지 알 수 있다. 아래 글도 읽어보자.

과거를 잊은 사람에겐 미래란 없다

"자신을 돌아볼 줄 알아야 성찰이 있고 더 나은 삶이 보인다.

평소 역사공부를 재밌고 쉽게 했던 필자는 역사의 중요성을 지극히 알고 있다. 역사공부를 해야하는 이유는 인간에 대해 배울 수 있고 미래에 대한 대비하여 더 나은 삶을 향해 나아갈 수 있기 때문이다. 역사는 역사책의 내용만을 말하는 게 아니다. 어제 있었던 일, 30년전부터 지금까지의 통계자료, 1년 전 내가 썼던 일기 이 모든 것이 역사다.

사람들과 대화를 통해 우리는 그 사람에 대해 어느 정도 파악이 가능하다. 그 사람의 감정, 말투, 억양, 말하는 내용 등에서 성격, 출신지, 심지어는 어떻게 살아왔는지에 대해서도 간파할 수 있다.

내 삶을 성찰하기 위해 실록을 편찬한다."

2019년 5월 영범실록 반포문이다. 읽고 기립박수를 쳤다. 사극 말투를 쓰는 걸 보면 근엄함을 좋아하고, 내용을 보면 잘 살고 싶다는 욕심이 크다는 걸 알 수 있다. 그리고 한 가지 기록이 더 있는데, 2020년 1월부터 2021년 5월까지 나의 데이터를 기록한 영범일지다. 이 기록엔, 수면, 식단, 건강, 운동, 공부, 독서, 가족관계, 사회생활에 대한 데이터가 1일 단위로 기록되어 있다. 영범일지 덕에 굉장한 사실 두 가지를 알아냈다. 첫 번째로, 여름엔 늦게 자서 항상 컨디션이 안좋았다는 것을 알 수 있었다. 그 결과 건강, 가족, 사회관계도 나빠졌다. 두 번째 사실은 정말 놀라웠다. 음주를 하면 일주일간 낮에 졸음이 많아진다는 것이었다. 일하다가 조는 경우가 많았었는데 왜 그런지 궁금했는데, 낮잠이 많던 주에는 항상 음주가 끼어있었다. 나의 개인사에 있어 정말 값진 발견들이었다. 지금은 개인 사정없이 그냥 못하고 있지만 정말 귀중한 기록이다.

자기 자신에 대한 기록, 지금 당장 시작하라. 초등학생 때 일기도 안 썼는데 글쓰기가 뭐가 쉽냐 할 수 있지만, 10분만 써보자 생각하면 쉽다. 당신의 시간은 지금도 흘러가고 있다. 다시 돌아올 수 없는 지금 이 순간이 당신의 역사에서 정말 값지고 소중하다는 걸 알길 바란다.

성격 파악은 자신의 인격 형성과 인생 개척을 위한 가장 기초 단계다. 한국에서 MBTI 열풍이 불었던 이유는 자신에 대한 관심이 상당히 높아졌기 때문이다. 더 나은 개인이 되기 위해 노력하는 모습은 선진국 국민다운 모습이다. 더 나아가 성격 파악이 자기계발로 이어지길 바란다.

두 번째: 친구를 이해하려 노력하라

너와 나는 다르다

나와 너는 다르다. 틀린 게 아니다. 초등학생 때 많이 교육받는다. 그런데도 여전히 다름을 인정하라는 캠페인과 교육을 하고 있다. 그만큼 다름을 인정하는 일은 어렵고 힘들기 때문이다. 어떤 사람들은 이를 역이용해 이해를 강요한다. 나는 너희와 다르니까 나를 존중하라 요구한다. 세 살 버릇 여든 가고, 쉽고 편한 것엔 중독되기 마련이다. 현재를 쉽게 살면 미래가 어려워진다.

다름을 경계하는 건 인간의 기본 값이다. 그리고 기본 값에 저항하는 게 성장이다. 친구를 이해해보려고 노력해본 적 있는가? 시도 자체만으로도 대단한 일이다. 그만큼 관심이 있고, 잘 지내보고 싶다는 뜻이다. 타인은 다른 세계다. 성장 배경, 가치관, 장단점 모두 다르다. 일란성 쌍둥이도 다르다. 사람은 또 다른 지구다. 눈, 코, 입, 팔, 발가락 모두 다르게 생겼다. 무수히 많은 요인으로 시시각각 생각과 감정이 바뀐다. 엄청나게 큰 사건이 터지면 사람이 바뀌기도 한다. 아무리 연구해도 모르는 부분이 너무 많다. 연구할수록 많아진다.

현대인은 24시간이 부족하다. 업무를 다 하고 집에 와 쉬는 것도 벅찬 시대다. 친구나 가족의 응석과 짜증을 받기까지 한다면? 양 옆구리를 잡고 위로 180도 돌린 후 그대로 바닥에 꽂아버릴지도 모른다.

바쁜 일상을 보내고 퇴근하는 박세월, 친구 문지현과 오랜만에 술 약속을 잡았다. 술집까지 5분, 세월은 벌써부터 불안하다. 지현이 술 마시자는 건 불만이 있다는 뜻. 뒷감당이 고민이다. 평상시엔 재밌고 편한 친구지만 불만 시엔 재미없고 불편한 친구였다. 이미 도착해서 기다리고 있는 지현, 세월을 반갑게 맞이한다.

안주가 나왔고, 서로 근황을 이야기했다. 지현은 힘들었던 근황을 말했다. 세월은 재밌었던 근황을 말했다. 지현의 말을 잘 들어주고, 재밌게 해석해주었다. 지현의 표정은 점점 밝아졌다. 수차례 경험으로 베테랑이 된 세월은 상황을 주도적으로 잘 이끌어나갔다.

"하, 내가 비매너 때문에 열받은 티를 냈더니, 카레집에 데려가는 거야" 취한 지현이 말했다.

"그 집 카레가 맛없긴 하지." 세월이 답하며 회 한점을 집었다. 갑자기 싸늘하다. 세월은 앞을 봤다. 지현이 엎어진 반달돌칼 눈으로 세월을 째려본다. "야."

"어?" 세월은 당황했다. 입이 다물어지지 않는다. '큰일났다. 베테랑은 당황한 기색을 보이면 안 되는데.'

"왜 나만 불만 있냐. 너 왜 맨날 나 컨설팅 해주는데."

지현은 세월에게 불만이 많은 모양이다. 세월은 당혹스럽다.

"아니, 네가 힘든 거 같길래 도와주려."

지현은 얼굴을 찌푸리며 말했다.

"나만 바보되는 거 같잖아. 너 가스라이팅하니?"

"가스라... 태프트 조약은 일본과.." 세월이 헛소리를 시전했다.

"닥쳐!"

지현이 벌떡 일어났다. 테이블이 휘청했다. 물이 쏟아졌다. 회는 물회가 되었다. 지현이 화난 모델 워킹으로 계산하고 식당을 떠났다. 주변 테이블도 조용해졌다. 대각선 뒤 남자는 영상을 찍었다. 우린 SNS 스타가 될 것이다.

세월은 당혹스러운 마음으로 택시를 탔다. 가면서 창밖을 바라본다. '나는 친구로서 도리를 다 한건데' 억울했다. 또 한 명 손절해야 하는 건가. 오래된 인연이었는데 슬프다. 집에 와 샤워하고 침대에 누웠다. 더 이상의 손절은 싫다. 도대체 뭐가 문제였을까

세월은 고등학생때를 떠올려봤다. 생각해보면 세월과 지현은 그 때도 고민 공유를 많이 했었다. 한쪽이 먼저 이야기하면 반대쪽도 비슷한 이야기를 했었다. 그렇게 몇 시간씩 떠들던 시절이 있었다. '왜 나만 불만 있냐' 이제야 지현의 말을 이해했다. 지현은 그때처럼 이야길 하고 싶었던 거다. 그것도 모르고 가스라 태프트 같은 헛소리를 했다.

세월은 얼른 지현에게 전화해 오해를 풀었다. 지현도 세월의 직업병을 이해했지만 본인한테도 컨설팅을 해 슬펐다고 한다. 그러곤 다시 고등학생 때처럼 이야기하며 몇 시간을 통화했다.

타인을 이해한다는 행동은 시간과 에너지를 많이 소모한다. 나와 다른 생각, 감정을 차분하게 바라본다는 건 쉽지 않다. 하지만 더 나은 관계와 자기 발전을 위해선 반드시 필요하다. 친구를 이해하려는 노력을 통해 인생에 필요한 가치인 인내, 통찰을 기를 수 있다.

인구과잉 시대에서 살아남는 법

많은 자기 계발서, 영상에서 관계에 연연할 필요가 없다 말한다. 사람은 많고, 시간과 에너지는 없기 때문이다. 그러나 이런 기조는 사람을 상품 취급해버린다. 잘 쓰다가 고장 나면 버리듯, 잘 지내다

가 한번 실수하면 손절해버린다. 세상은 넓고 사람은 많다고 해도 이래도 되는 걸까? 과거 상품 취급받던 애완동물은 인식 개선, 존중을 받아 반려동물이라 불리는 시대다. 아무리 봐도 사람과 반려동물의 대우가 바뀐 듯하다. 지나간 인연에 연연하지 않는 건 필요한 일이지만 인연을 쉽게 생각하는 건 안 된다. 할 수 있는 선에선 관계 개선을 하려는 노력조차 하지 않게 되기 때문이다.

그러나 이미 세상은 이런 노력을 할 필요성을 느끼지 못하게 분위기와 환경을 조성해 놨다. 지금 풍조에 따라가는 게 옳을까? 전혀 그렇지 않다. 사람을 이해하려는 태도는 비즈니스, 대인관계, 정치 등 사람 사는 세상에선 반드시 필요한 덕목이다. 그리고 10년이면 강산도 변한다는 말이 있듯이 세상은 계속 변한다. 한국에선 이미 인구감소가 이뤄지고 있다. 인구과잉 시대의 끝이 머지않았다. 인구 인플레이션으로 인해 본질이 가려진 시대가 저물고 있다. 우리의 노력은 절대 헛되지 않으리라

친구를 이해하기 위해선 태도와 방법이 갖춰져야 한다. 다름을 인정하겠다는 태도는 타인을 받아들이겠다는 마음에서 나온다. 나와 다르고 미숙해 보이는 사람을 도와주고 싶을 거다. 하지만 인생에 정답은 없다. 고쳐주겠다는 생각을 버려라. 나보다 높고 낮은 사람은 없다. 다름을 인정하는 태도는 오픈 마인드와 공감으로 갖출 수 있다.

오픈마인드 기르는 법

오픈 마인드는 개방성을 의미한다. 개방성은 마음의 눈과 같다. 낮으면 낮을수록 시야가 좁아진다. 세상은 넓게 봐야 한다. 그래야 여유가 생기고 문제가 발생해도 현명하게 해결할 수 있다.

개방성을 기르고 싶다면 인문학을 공부하자. 인문학은 인간을 이해하는 학문이다. 인간을 이해할수록 현명한 대응을 할 수 있다. 인문학 공부할 때는 반드시 배경을 염두 해야 한다. 이 언어, 사상이 왜 나왔는지 배경을 알아야 유연한 사고가 가능해진다. 배경을 모르고 내용만 기억하면 왜곡된 사고관을 갖게 된다.

정치 선거에서 "손자병법에서 최저 비용으로 승리해야 한다 그랬어. 그러니까 이번 선거에는 걸어 다니면서 유세할거야." 라고 한 후보는 떨어진다. 선거는 모든 수단을 동원해서 이겨야 하는 단판 승부다. 한 표 차이가 승자와 패자를 가른다. 손자는 중국 통일전쟁 승리를 위해 손자병법을 썼다. 그가 살던 춘추시대는 사방이 적이었다. 한 국가에 올인하면 다른 국가에서 공격해온다. 그래서 최저 비용이 중요하다 했다. 인문학을 공부할 땐 반드시 탄생 배경을 기억하자.

친구를 이해하는 가장 쉽고 좋은 방법 또한 배경 듣기다. 친구가 살아온 배경을 알면 말과 행동, 생각을 이해할 수 있다. 필자도 자주 애용하는 방법이다. 친구의 과거를 듣고, 여태까지 보여준 모습을 더하면 맥락이 보인다. 그러면 하지 말아야 하거나 하면 좋아하는 언행이 떠오른다.

친구를 이해하는 노력은 언제나 '왜' 라는 질문에서 시작한다. 지금 왜 이러지. 왜 그렇게 생각하지 등 친구에게 호기심을 가져야 원인을 알 수 있다. 원인을 알면 행동요령은 쉽게 나온다.

세 번째: 독서와 운동

건강해야 건강한 관계를 가질 수 있다. 인간의 몸은 특정 시기를 지나면 퇴보하기 시작한다. 건강을 챙기지 않으면 계속 나빠진다는 뜻이다. 몸이 나빠지면 동시에 정신도 나빠진다. 우리가 끊임없이 책을 읽고 운동을 해야 하는 이유다.

인간은 글을 읽도록 태어나지 않았다. 글은 인류가 학습하고 성장하며 만들어낸 발명품이다. 만약 인간이 글을 쓰고 읽지 못했다면, 아직도 돌을 갈고 도토리를 으깨고 있었을지도 모른다. 글씨가 모여 글이 되었고 글이 모여 책이 되었다. 책은 인류를 발전시켰고, 문명을 이룩해냈다. 그만큼 독서는 위대한 활동이다.

독서는 뇌 활동이자 뇌 운동이다. 독서는 인간의 뇌 회로를 새롭게 창조해낸다. 인간의 뇌에는 글자를 읽는 영역이 없다는 걸 아는가? 태어나자마자 글을 읽는 사람은 없다. 먹고 자고, 대화하는 영역은 있어도 글을 읽는 영역은 없다. 읽기는 학습해야 할 수 있는 활동이다. 즉, 독서를 한다는 건 무에서 유를 창조하는 활동이다.

글을 읽으면 뇌 회로가 새롭게 만들어진다. 독서를 하면 할수록 회로는 더 많이 생긴다. 회로가 많아지면 뇌의 각 부분 연결이 더욱 긴밀해진다. 연결이 긴밀해진다는 건 뇌 기능이 향상된다는 뜻이다. 지식을 위한 독서 시대가 막을 내렸는데도 독서를 해야하는 이유다.

독서는 많은 이로움을 준다. 첫째로 세상을 더욱 풍성하게 볼 수 있다. 운동을 하면 신체능력이 좋아져 활동 범위가 늘어난다. 마찬가지로 뇌 기능이 향상되면 보이지 않던 세상이 보이기 시작한다. 오감은 물론 육감 또한 좋아진다.

두 번째, 말 속에 숨은 의미를 파악할 수 있게 된다. 독서는 하면 할수록 책이 하려는 말을 파악하는 능력이 증가한다. 왜 저자가 이런 말을 썼는지, 무슨 의도인지 생각하게 한다. 자연스레 실제 대화에서도 의미를 파악하려 하고, 주도적으로 대화를 이끌어간다.

세 번째, 이해력이 높아진다. 독서는 저자와 독자의 대화로서, 책의 내용과 나의 경험, 생각을 비교하게 한다. 비교를 하며 계속 두뇌 회전을 시킨다. 독서가 사고력 증진에 도움이 되는 가장 큰 이유다.

마지막으로 가장 중요한 장점, 타인과 소통이 가능해진다. 소통이란 일방통행이 아닌 쌍방통행이다. 독서가 생각을 주고받는 훈련을 시켜주는 셈이다.

독서인은 하나를 가르쳐주면 열을 알게 된다. 책을 읽으면 좁았던 세상이 엄청나게 넓어진다. 독서는 텍스트를 읽는 행위다. 책은 글자만 있기에 불편함을 느낀다. 그래서 메시지가 무엇인지 추론하고 생각하며 상상한다. 하나를 던져주면 뇌는 많은 것을 만들어낸다. 이런 과정 덕분에 독서 전후의 세상이 달라지는 거다.

독서는 뇌를 새로 만드는 창조활동이다.

창조활동은 인간만이 할 수 있다.

하나를 가르쳐주면 열을 알라

사고력이 높아야 관계에서 실수를 하지 않는다. 친구관계에 금이 가기 시작하는 건 말 때문이다. 말실수를 하는 이유는 생각이고, 그 생각은 사고력에 좌우된다. 사고력, 생각하는 힘이 강할수록 상황판단력과 문제해결력이 강해진다. 친구의 상태를 고려하게 되고, 할 말을 다시 한번 생각하게 해준다. 사고력은 어떻게 키울 수 있을까?

나이를 먹으면 사고력이 높아진다. 아기는 자기 뜻대로 되지 않으면 울어버린다. 운다고 다 되는 것도 아닌데 말이다. 시간이 지날수록 부모는 내성이 생긴다. 그때 아기는 '아 이거 안 통하는구나.' 우는 빈도를 줄이고 말로 자기 표현을 한다. 생각을 하기 시작한 거다. 아기에서 아이로 진화하는 시기다. 생존을 위해 사고력이 높아졌다고 할 수 있다. 불편함을 해결하는 경험을 할수록 사고력이 높아진다는 뜻이다. 나이를 먹으면서 자연스레 다양한 경험을 하게 되기에, 사고력이 높아진다고 말할 수 있다.

하지만 영유아기는 특정 시기다. 한번 지나가면 다시 경험할 수 없다. 학생이나 직장인 시기에는 같은 일상이 반복되기 때문에, 사고력이 자연스레 높아지기 어렵다. 그렇기에 의도적 노력이 필요하다. 그것이 바로 독서. 독서는 사고력을 위한 활동이라 할 수 있다. 운동이 근력을 키운다면 독서는 사고력을 키운다. 독서를 통해 지속적으로 불편한 경험을 하게 해야 한다. 다양한 분야, 다양한 관점의 책을 자주 읽어야 사고력이 길러진다. 자신이 좋아하는 분야만 읽는 것은 반복되는 일상을 사는 것과 같다.

뛰어난 업적을 남긴 사람들은 통념에 의문을 던졌던 사람이며 사고력이 뛰어난 사람들이다. 사고력이 뛰어난 사람과 아닌 사람은 질문의 양으로도 판별할 수 있다. Why, 왜?를 적게 던지고도 답을 찾는 사람이 사고력이 뛰어난 사람이다.

"제가 왜 친구를 사귀어야 하죠?"

아이가 물었다.

"너의 인생과 주변 사람들을 위해서란다."

아빠가 답했다.

"그게 왜 제 인생을 위한 거예요?"

또 물었다.

"인생은 혼자 살 수 없단다. 친구는 너의 성장을 돕고, 너도 친구를 도와주지."

아빠는 성심성의껏 답했다.

"왜 서로 도와요?"

아이가 다시 물었다.

"여보세요. 아, 부장님."

아빠는 전화를 받으며 떠났다. 아이는 눈을 감고 고개를 절레절레 했다.

아이는 아빠의 말을 이해할 만큼 많은 경험을 하지 못했다. 경험을 할수록 사고력이 높아지고, 사고력이 높을수록, 그동안의 경험에서 더 많은 답을 찾을 수 있다. 경험을 하면 할수록 깨달음을 빨리 얻는다. 사고력과 경험의 선순환은 깨달음의 양질과 속도를 크게 증가시킨다. 독서를 많이 한 사람이 통찰력이 뛰어난 이유다. 독서는 간접경험이기에 단시간에 다량의 경험을 쌓을 수 있다.

독서는 문제해결력을 길러준다

1660년대 영국, 과학을 좋아하던 청년이 한 명 있었다. 당시 흑사

병 창궐로 수많은 대학들이 휴교했다. 청년은 어쩔 수 없이 고향으로 내려갔다. 그러나 흑사병과 휴교도 그의 과학에 대한 열정은 막을 수 없었다. 인기스타인 갈릴레오의 저서를 읽으며 실험하고 다른 사람들의 연구자료도 읽었다. 청년은 오랜 시간 자료를 읽으며 아주 강한 힘에 대해 연구하고 싶어졌다. 그러던 어느 날 점심, 친구와 만나 카페에서 즐거운 시간을 보내고 있었다. 친구는 자신이 겪은 일을 풀었다.

"아니, 내가 너네 집 뒤에 있는 사과나무 밑에 누워 자고 있었거든? 한참 자고 있는데 내 배에 사과가 떨어진 거야ㅋㅋㅋ 진짜 너무 아픈데 열받아가지고 나무 엄청 팼잖아." 친구의 손에 붕대가 감겨 있다.

"그래서 나무 움푹 파였잖악 크흐흑, 집에 갈 때 한번 봐봐." 친구가 웃는 모습을 보며 청년은 '그래, 네가 행복했다면 됐다.'라 생각했다.

해 지기 직전, 청년은 집에 가면서 친구의 말이 맴돌았다. 분명 거짓말인 걸 알면서도 왜 자꾸 확인하고 싶어지는 걸까.. 강한 힘에 대한 갈증은 그를 사과나무로 이끌었다.

'그럼 그렇지.'

나무가 파여 있기는 했다. 나무껍질을 벗겨놨으니 말이다. 친구의 손톱이 멀쩡한지 확인 못한 게 아쉽다. 한입 베어 물은 사과도 하나

있다. 그는 한숨 한번 쉬어주며 나무에 기대앉았다.

'세상에서 가장 강한 힘은 무엇일까?'

갑자기 바람이 불기 시작했고, 나무가 흔들린다. 청년은 나무를 올려다보았다. 빨간색 무언가가 이마에 떨어졌고, 소리쳤다.

"악! 만유인력!!"

뉴턴이었다. 뉴턴은 사고력이 높은 사람이었다. 그의 사고력은 그가 읽었던 수많은 연구 자료와 책에서 나왔다. 과연 그가 책을 읽지 않았다면 만유인력을 발견할 수 있었을까? 그는 실제로 사과가 떨어지는 것을 만유인력 발견에 대한 영감을 얻었다고 이야기한 바 있다. 단순한 사건에서 위대한 발견의 영감을 얻을 수 있었던 건 사고력이 높았기 때문이다.

인간의 삶은 변하지 않았다

인류의 역사는 과학, 기술, 철학, 사회 발전을 이룩하며 진행되었다. 그 말은 인간이 발전하고 성장했다는 걸까? 그렇지 않다. 인간의 심리와 행동은 전혀 변하지 않았다. 태어나서 죽는 건 물론이고, 먹고 자는 것 또한 그렇다. 인간의 삶은 전혀 변하지 않았다. 방식만 변했을 뿐.

멀리 있는 상대에게 메시지를 보낼 때, 과거엔 전령, 편지를 보냈다면 현재는 전화나 문자, SNS를 사용한다. 몸에 에너지가 부족할 땐, 밥 먹고 잠을 잔다. 음식의 형태는 변했으나 먹는 영양소는 변함이 없다. 구석기 땐 동굴 바닥에서 잤다면 현대는 푹신한 침대에서 포근한 이불과 함께 잔다. 일어나서 밥 먹고, 일하고, 친구에게 연락하고, 놀고, 술 마시고. 변한 게 하나도 없다. 4000년 전, 인류 최초의 문명인 수메르의 직업 또한 현대와 다를 게 없었다. 보석세공사, 전당포, 결혼 상담사 등 모두 지금 있는 직업들이다. 방식만 바뀌었을 뿐이다. 인간은 전혀 변하지 않았다.

그렇기에 인간관계는 과거를 통해 배워도 문제 될 게 하나도 없다. 역사를 배우는 이유는 인간에 대한 이해를 높이기 위해서다. 역사는 우리가 못 보고 지나친 부분을 깨우쳐 줄 수도 있다. 필자는 기원전에 활동한 전설적인 로마 정치가, 키케로의 저서, 〈우정에 관하여(라일리우스)〉를 통해 현재 친구 관계에 대해 반성하였다.

'나는 진짜 친구가 있을까?'라는 고민을 자주 했었다. 이들도 나와 비슷한 고민을 했었으니 이런 답이 나왔을 거다. 2000년 전에 살던 사람이 하는 고민은 우리도 할 만한 고민이었다. 인간은 변하지 않았고, 관계 또한 변하지 않았다.

어떤 이는 인간을 이해하기 위한 방법으로 셰익스피어, 제인 오스틴, 찰스 디킨스, 톨스토이 등 고전 명작 문학을 읽는다고 한다. 컴퓨터, TV가 없던 시대에는 책이 유일한 즐길 거리였다. 그래서 캐릭터의 설정이 상당히 깊이가 있어서, 인간 심리 탐구에 큰 도움이 된다고 한다.

책은 고민 해결을 도와주는 다리다. 역사에 이름을 남긴 선인이나 글로벌 엘리트가 책으로 우리의 질문에 답을 해준다. 현명한 답을 해줄 사람들은 주변에만 있는 게 아니다. 독서를 해야 하는 또 다른 이유다.

운동을 하면 건강해진다

건강한 친구관계를 만들기 위해선 운동을 해야 한다. 사람은 건강한 사람을 좋아한다. 건강한 사람과 있으면 본인 또한 건강해지는 느낌을 받는다. 몸과 마음 둘 중 하나만 건강해선 안 된다. 둘 다 건강해야 한다. 운동은 몸과 마음을 건강하게 만든다.

운동은 몸만 건강하게 하는 거 아닌가? 아니다. 영국에서 35~55세 성인 1만 명을 상대로 신체 활동량과 인지능력 비교 실험한 결과, 신체활동이 '하'에 해당하는 사람들은 인지능력이 낮았다. 문제해결력 또한 낮았다. 신체 활동이 많은 사람은 시각 자극, 집중력, 끈기에서 높은 점수를 받았고, 파괴적 행동에서 낮은 점수를 받았다.

운동을 하면 두뇌가 건강해진다. 운동은 혈류량을 증가시킨다. 혈액 배달량이 많아지면 혈관이 새롭게 만들어진다. 혈관이 많을수록, 혈액이 근육이나 세포조직에 더 깊이 침투하게 된다. 뇌세포에도 더 깊이 침투한다. 두뇌에 혈액 공급이 잘 되면 새로운 혈관이 만들어진다. 그러면 두뇌의 더 많은 영역을 활용할 수 있다. 운동이 건강한 두뇌를 만드는 원리다.

운동은 문제해결력, 주의력, 충동 억제력 등 실행 기능이 향상시킨다. 이 기능은 친구관계에서 중요하다. 운동을 하면 친구관계에서 갈등을 기피하지 않고 해결할 수 있다. 친구와 대화하며 상태, 상황을 잘 파악할 수 있다. 수위 높은 발언과 반응을 억제할 수 있다.

긍정을 갖고 싶나?

필자의 경험상 운동을 하면 긍정적으로 변하며 여유가 생긴다. 2019년 5월부터 본격적으로 운동을 시작했다. 말년 휴가를 나왔던 나는 뒤룩뒤룩 찐 턱살과 배를 보며 '하.. 운동해야 되는데.' 라는 생각을 58000번 하고 있었다. 하루는 점심을 먹고 사촌누나와 집주변 카페를 가고 있었는데, 못 보던 체육관이 생겨있었다. '원래 스쿼시 하던 곳인데.' 스쿼시 체육관이 크로스핏 하는 곳이 되어있었다. 당시 크로스핏이 뭔지도 몰랐지만 아무리 봐도 범상치 않았다.

카페에서 한참 고민하다가, 집에 가는 길에 들러서 내일 체험해봐도 되냐고 물었다. 다음날 아침부터 나의 운동 인생이 시작되었다. 예상외로 열심히 다녔다. 아르바이트 끝나면 집에 가지 않고 바로 운동하러 갔다. 심지어는 회식 갔다가 밤늦게 하러 가기도 했다. 운동한 게 아까워 저녁에 과식이나 야식을 먹지도 않았다. 그러다 보니 몸이 점점 좋아졌고, 3개월 후에 몸무게 10kg 정도 줄어 있었다.

갈수록 좋아지는 실력과 외모 덕에 '하면 된다.' 는 생각이 머리에 박혔다. 일단 시도해보고 안되면 방법 찾아보고, 그래도 안 되면 한계를 인정하면 된다. 긍정적인 생각을 하면 추진력이 생기고, 추진력이 생기면 경험해보지 못한 영역에 도전할 수 있다. 낯가림이 심했던 나는, 체육관에서 함께 운동하신 분들께 항상 인사를 하게 되었다.

하루는 사촌누나가 "나도 운동해야 되나." 라고 말했다. 그래서 갑자기 왜 그러냐 물었더니,

"너 운동하고 나서 착해진 거 같아서."

과거엔 사촌누나가 괴롭히면 성질냈었는데, 이젠 그러지 않더라라는 말이었다. 운동은 외모뿐만 아니라 내면도 크게 바꾼다. 외모 스트레스가 사라지면서 내면의 공간이 넓어진 거다. 공간이 넓어져 여유가 생겼고, 웬만한 스트레스에도 크게 반응하지 않게 되었다.

집필 과정 중에 생각해보니 운동을 시작한 이후, 연을 끊은 친구가 한 명도 없었다. 다양한 경험을 하며 성숙해졌다고 할 수도 있겠지만 운동 효과 덕분이라 할 수도 있겠다. 어쩌다 한 번씩 친구가 던지는 말에 큰 상처 받지 않고 넘길 수 있었고, 부정적인 상황에서 스트레스받지 않게 되었다. 운동이 친구 관계에도 긍정적인 영향을 끼친다는 걸 경험으로 깨달았다.

네 번째 : 갈등이 생기면 먼저 해결하라

먼저 연락하라

먼저 연락은 관계 유지와 발전, 개인의 성장에 큰 도움이 된다. 당신은 연락 오길 기다리는가? 먼저 하는가? 평상시엔 성향에 따라 다를 것이다. 내향적인 사람은 기다리는 편이고, 외향적인 사람은 먼저 하는 편이다. 하지만 오해가 있거나 갈등이 있는 경우라면? 먼저 한다고 말하는 사람은 적을 거다.

문제 상황에서 먼저 연락한다는 건 쉽지 않다. 문제의 원인이 가볍든 심각하든 해결은 해야 한다. 말 한마디 잘못해서, 한번 발끈해서, 과제 참여 안 했다고 끊어진다. 친구 사이의 갈등과 오해는 허접

176

하고 하찮다 생각할 수 있다. 그러나 사람 사이에 갈등이 없을 수는 없다. 이 때문에 관계가 끊어지는 경우도 상당히 많다.

친구 사이의 오해와 갈등을 해결하지 못한다면 가족, 직장에서도 같은 문제로 고생할 가능성이 높다. 가족, 직장은 수직관계이기에 이해, 공감에서 더욱 해결하기 어렵다. 그렇기에 수평관계인 친구 갈등을 해결하려는 태도는 개인의 삶에서 가장 중요한 태도다.

용기를 갖고 해결하려는 태도는 불확실성에 대한 도전이다. 세계는 점점 더 불확실해져 가고 있다. 기후변화, 전염병, 전쟁, 신기술 등 언제 어떤 사건이 터질지 모르고, 규모와 기간 또한 알 수 없다. 불확실성 증가는 문제의 원인은 복잡해지고 해결하긴 어려워진다는 뜻이다. 어렵고 복잡해졌다고, 기존 방식대로 살아가면 생존할 수 없다.

불확실성에 도전해야 살아남을 수 있다. 한 가지 원인을 파악했다면 차근차근 해결해나가는 거다. 문제가 생긴 타인의 배경을 알고 있다면 더욱 해결하기 쉽다. 배경과 성향, 가치관을 잘 조합하면 해결책을 찾을 수 있다. 물론 해결책은 자신만의 해석이기에 100% 맞을 수 없다. 그러나 두려움을 이겨내고 도전해야 한다. 차라리 시도라도 해야 남는 게 있기 때문이다.

2016년, 트럼프 당선은 그가 대중이 겪는 문제를 해결하겠다 나서서 가능했다. 트럼프는 소수 엘리트가 아닌 절대 다수인 대중의 편에 섰다. 일자리와 안보를 해결하겠다 약속했다. 해외로 나간 기업들을 다시 불러들이고, 멕시코 국경에 장벽을 세우겠다 공약했다. 트럼프는 그렇게 대중의 마음을 얻었다.

불확실성에 대한 도전은 개인과 사회에 큰 영향을 끼친다. 코로나19 시대에 기존 방식을 고수한 기업은 죽었고, 혁신과 변화를 이끈 기업은 살았다. 코로나19 초기, 기존 공장 시설을 마스크 제조 시설로 바꿔 성공한 사례가 넘쳤다. 덕분에 국내 마스크 대란을 해결했다. 사업주들은 이 사태의 규모가 얼마나 큰지, 얼마나 오래갈지 알 수 없었다. 그러나 불확실성에 도전했고, 성공했다.

진짜 사과하는 법

정말 잘 지내는 친구 사이라도 마음에 상처를 입히는 사건이 발생한다. 일상 대화에서 무심코 던진 한마디라든지 여유가 없는 급한 상황에서 자주 발생한다. 영화 시작 3분 전, 가방에 넣어뒀던 표가 안 보인다. 열차 도착 30분 전 식당, 아직도 메뉴를 정하지 못했다. 여유가 없는 상황에선 말이나 행동으로 상처를 입는 경우가 생긴다.

관계를 회복하기 위해선 반드시 사과해야 한다. 상처 입은 마음을 방치하면 메마르고 갈라진다. 자연 치유는커녕 점점 더 갈라져 관계가 멀어지고 만다. 사과는 메마른 관계를 촉촉하게 해주는 단비와 같다.

마음의 짐을 내려놓을 수 있고, 이런 사건을 예방할 수 있기 때문이다.

사과는 위기를 기회로 바꾸기도 한다. 자기 잘못을 뉘우치는 모습이 진정성을 보여주기 때문이다. 그렇다고 사과를 남발하거나 잘못된 사과를 해서는 안 된다. 오히려 독이 될 수 있다.

인간관계에 적용할 수 있는 사례는 3가지인데, 첫 번째로 슈뢰딩거식 사과. 미안하다면서 결백을 주장하는 사과다.

"내가 잘못한 건 아니지만 미안해."

두 번째, 책임 회피형 사과. 내 행동이 생각만큼 나쁘지 않음을 입증하려고 희생양에게 책임을 떠넘기는 사과다. 약속에 늦은 친구에게 폭언을 쏟고 "네가 그렇게 해서 그런 거였어. 네가 그렇게 느꼈다면 미안하다." 폭언은 약속에 늦은 것 때문이라며 정당화한다.

세 번째로 허수아비 사과, 미안해하는 것 같지만 실제로는 잘못을 부정하는 그럴듯한 허수아비를 세워 사과 대상을 바꾸는 사과다. "술자리가 길어져서 미안하다." 피해는 친구가 받았는데 술자리를 들먹이며, 연락 안 한 자기 잘못을 부정한다.

세 가지 방법 모두 공통으로 본인은 잘못이 없다고 한다. 본인의 행동에 책임을 지긴 싫으면서 관계가 나빠지는 건 귀찮으니 가짜 사과를 한다. 한국은 개인보다 집단이 책임을 지는 문화가 있기에 책임 회피가 더욱 빈번하다. 성숙한 관계를 위해선 책임을 지는 태도를 기를 필요가 있다.

그렇다면 진정한 사과는 어떻게 하는 걸까? 마음을 담아서? 어떻게 마음을 담는지 알려줘야 할 거 아닌가. 사과에는 6가지 핵심 요소가 있다. 후회, 해명, 책임 인식, 뉘우침, 보상 제시, 용서 구하기다. 자기 잘못으로 상대가 상처 입은 걸 진심으로 해결하고 싶다는 진정성을 전달할 수 있다.

사과를 잘 하는 법은 핵심요소를 모두 넣는 것에 그치지 않는다. 일단 지키지 못할 약속은 해선 안 된다. 현재 상황에서 해결할 수 없는 문제를 해결하겠다고 약속하는 건 안 하는 것보다 못하다.

두 번째, 미안해야 할 일인지 판단하고 결정하라. 잘못한 거 같다고 사과를 남발하는 건 진정성이 보이지 않고, 불안해 보인다. 미안해야 할 일인지 판단하는 방법은 타인의 영역에 침범했는지를 보면 쉽게 알 수 있다. 강요, 접촉, 부상 등 신체나 자기결정권을 건드렸다면 사과할만한 일이다.

세 번째, 얼마나 미안해야 할지 결정하라. 논란의 여지가 있을 수 있지만 이 또한 중요하다. 사소한 잘못에 무릎 꿇고 사과를 하거나 큰 잘못을 말 한마디로 무마하려 하지 말라는 뜻이다. 발을 밟았어도 친구가 매우 아파한다면 진심 걱정하는 태도로 사과해야 한다. "발 밟은 거 가지고 호들갑은 ㅉ" 이렇게 넘기면 안 된다.

마지막으로 어떻게 수습할지 결정하라. 보상 제시의 정도를 결정하는 단계다. 예방책이나 보상도 정도가 과하거나 작아서도 안 된다.

결국 계획과 원칙을 잘 세우고 상황에 적절하게 대응하는 게 사과를 잘 하는 법이다.

갈등을 먼저 해결하려는 노력은 능력과 신뢰를 높게 평가받을 수 있다. 자존심을 굽히고, 다가가는 사람을 패배자라 욕하는 사람은 없다. 있다고 해도 어딘가 부족한 사람이다. 먼저 해결하라. 그것이 실패하여도 당신의 시도는 값지고 대단하다. 실패는 인생의 이력 중 하나일 뿐이지, 거기에 매몰되면 아무것도 할 수 없다. 항상 먼저 다가가려는 태도를 갖고, 두려워하지 마라. 당신은 어디에서나 환대받는다.

다섯 번째: 비판하지 말고 칭찬하라

너에게 해줄 건 욕 밖에 없단다

비판은 관계 개선에 큰 도움이 되지 않는다. 비판하면 변할 거라 생각하는가? 그렇지 않다. 비판은 듣는 사람을 불쾌하게만 한다. 사람은 필요를 느끼지 않는 한 변하지 않는다. 인간은 변화된 상황에 적응한다. 매일 매일 비판을 받는다 한들, 주변 환경, 상황이 바뀌지 않는 한 변할 일은 거의 없다.

당신은 친구의 장점을 보는가? 단점을 보는가? 사람은 생각한 대로 보이고, 보이는 대로 말한다. 자신이 비판을 자주 하는 사람이라면 한 번쯤은 생각해보길 바란다. 누군가의 단점은 인류 모두가 갖

182

고 있는 단점이다. 상대도 그렇고 당신도 갖고 있다. 지금 당장 발현되지 않았을 뿐이지, 언젠간 나타난다. 그 비판은 언젠가 자신에게 하는 비판이 될 거다. 자기는 그렇지 않을 거라고 어떻게 장담하는가? 주식 창에 빨간 불일 때와 파란 불일 때하는 말이 다르고, 다이어트할 때와 안 할 때 마인드가 다르다. 철저한 계획과 원칙이 세워져 있지 않는 한 사람은 상황에 따라 다르게 말하고 행동한다. 그렇기에 비판은 신중하고 방어적으로 해야 한다.

친구를 비판하는 이유는 간단하다. 언행이 마음에 안 들기 때문이다. 그리고 비판을 하면 그 언행을 고칠 거라 생각한다. 친구를 바른 길로 인도하길 바란다면 비판은 금물이다. 친구 사이의 비판은 이런 과정을 따른다.

1. 저 인간의 웃는 모습이 마음에 들지 않는다.
2. 가서 "너 웃을 때 썩소 짓는 거 사이코패스 같아." 라고 한다.
3. '이러면 충격받아서 고치겠지?' 라고 상상한다.
4. 친구를 잃는다.

비판을 들은 친구의 입장에서 바라보자.

1. 친구가 분위기 싸하게 다가온다.

2. 친구의 비판에 쇼크와 함께 배신감이 느껴진다.

3. '왜 그런 소릴 한 거지... 저게 본 모습인가?'라고 생각한다.

4. 손절한다.

비판을 들으면 1차적으로 충격을 받는다. 그 후 몇 시간에 걸쳐 충격을 줄여간다. 충격을 완화하는 동안, 비판을 해석한다. 이 중 비판을 내용 그대로 해석하여 성장하는 사람은 거의 없다. 원하든 원치 않든 인간은 자기 세계가 부정당하면 변화를 거부하고 배척한다. 비판한 사람은 의도했든 안 했든 사이가 멀어짐은 감수해야 한다.

비판은 돌려 말하는 걸 알아들을 수 있는 수준의 능력을 갖고 있는 사람한테 해야 마음이 전달된다. 즉, 커뮤니케이션 능력이 뛰어난 사람이어야 받아들일 수 있다는 뜻이다. 비판은 하는 사람에겐 전달하기 가장 쉬운 소통 전략이고, 듣는 사람에겐 받아들이기 가장 어려운 메시지다. 비판을 듣고 미리미리 변할 줄 아는 사람은 뛰어난 사람이다. 타인의 말을 경청하고 생각하고, 행동할 줄 아는 사람은 뭐든 할 사람이다. 이런 사람이 주변에 있다면 친구로 삼아라. 그리고 같은 사람이 돼라.

코끼리는 생각하지 마

이 제목을 읽었을 때, 1초도 안 되는 짧은 시간 동안 코끼리가 떠올랐을 거다. 코끼리를 생각하지 말라 했는데 생각했던 것처럼, 언어는 생각의 틀을 만든다. 긍정적인 말과 행동을 달고 살아야 하는 이유다.

"난 저렇게 살지 말아야지." 하는 반면교사는 좋은 교훈을 담고 있는 사자성어다. 하지만 좋은 결과를 낳진 못한다. 무언가 하지 말라고 하면 더 하고 싶어지는 것과 같은 원리다. 생각이 머리에 꽂혀서 그것만 보이기 때문이다.

반면교사의 역설은 쉽게 찾아볼 수 있다. 아들은 아빠의 무례한 말과 행동이 마음에 들지 않았다. 자신은 절대 저러지 않겠다고 다짐한다. 하지만 시간이 흘러 아들은 아빠가 되었고 무례한 말과 행동을 하고 있다. 이것이 불교의 윤회인 걸까? 군대, 학교, 직장에서 이런 경우는 무수히 많이 볼 수 있다. 생각의 프레임은 상당히 강력해서 벗어나기 힘들다.

친구의 좋은 면을 봐라. 친구는 좋은 친구가 된다. 친구가 최고가 될 수 있게 격려하라. 친구는 최고의 친구가 된다.

말하는 대로, 생각한 대로

친구 한 명을 떠올려보라. 그 친구는 어떤 친구인가? 당신의 평가는 긍정적인가 부정적인가? 부정적이라면 지금 당장 긍정적으로 고쳐라. 사람은 보고 싶은 대로 본다. 친구를 긍정적 시선으로 봐야 하는 이유는 앞에서 말한 뇌 가소성과 연관된다.

나와 이 친구의 관계는 어떤가? 건강한가? 건강하지 않다면 바꿀 생각은 있는가? 관계가 안 바뀔 거라 생각한다면 당신의 뇌 가소성은 저하될 거다. 그 생각만으로 당신의 관계는 물론 건강까지도 악화된다. 뇌 가소성은 말하는 대로, 생각한 대로 인생이 바뀐다는 걸 말해준다. 친구 관계를 건강하게 바꾸겠다는 생각만 해도 뇌 구조는 바뀐다. 뇌 구조가 바뀌면 인생이 바뀐다.

지금 이 허접한 관계를 건강한 관계로 바꾸는 가장 간단한 방법은 칭찬하기다. 친구 칭찬은 친구는 물론 나도 건강하게 한다. 칭찬을 하기 위해선 장점을 봐야 한다. 장점을 보려고 할수록 장점이 많이 보이고 단점은 줄어든다. 그러면 긍정적인 사고관이 생기며 세상 또한 긍정적으로 바라보게 된다. 긍정적으로 생각하기는 상위 1%가 항상 하는 말이다. 친구 칭찬은 성공하는 길이다.

여섯 번째 : 주인공으로 만들어줘라

누구나 좋아하는 친구가 있다. 그 친구 또한 나를 좋아한다면 그 것만큼 행복한 일도 없다. 이런 마법 같은 일을 실현할 수 있는 방법이 있다면 믿겠는가? 쉽다고 말하진 않겠다. 하지만 효과는 확실하다.

친구를 주인공으로 만들어줘라. 사람은 자기 중심적인 세계관을 갖고 살아간다. 우리 모두는 세상이 자신을 중심으로 돌아간다 생각한다. 본인 시각으로 세상을 바라보는 게 기본 값이다. 이 기본 값을 잘 활용하면 win-win 할 수 있다.

첫 번째, 질문하라. 질문은 주도권이다. 친구를 주인공으로 만든다면서 주도권을 내가 갖는다니 뭔 소리인가 싶을 거다. 대학생 때 후배와 카페에서 대화중 이런 질문을 받았었다. "대화할 때, 말하는 입장이에요? 듣는 입장이에요?" 본인은 듣는 입장인데, 말이 이어져 나가지 않을 때가 많아서 고치고 싶어 했다.

대화에는 듣는 사람과 말하는 사람만이 존재한다. 입장은 계속 바뀌면서 오고 가며 대화하기도 하지만 주구장창 듣기만 하거나 말하기만 하기도 있다. 과연 이것을 대화라고 할 수 있을까? 말할 줄도 알아야 하고 들을 줄도 알아야 한다. 대화는 주고받는 것이다.

듣기만 하거나 말하려고만 하는 사람은 대화를 못하는 사람이다. 듣는 입장에선 상대가 말해주기만을, 말하는 입장에선 상대가 들어주기만을 원한다. 일방적인 주입과 수용밖에 없다. 듣기만 하는 사람은 자기주장이 없다. 회의할 때, 이 의견에 어떻게 생각하냐 물어보면, 그냥 좋다거나 동의한다고만 말한다. 상대의 결정에 따르기만 하는 사람처럼 보인다. 말하기만 하는 사람은 자기주장만 있다. 상대방이 뭐라고 하든 이미 답은 정해져 있다. 말 하는 사람은 내 입장만 중요하다. 이기적이라서 그럴 수도 있지만 순수하게 욕구에 충실한 것일 수도 있다. 언뜻 보면 스트레스가 많고 외로운 사람처럼 보이기도 한다.

이제는 착각과 환상에서 벗어나야 한다. 학교에서 듣기만 하는 친구들에게 꿈이 뭐냐고 물어보면 상담가라고 답한다. 왜냐고 물어보

188

면 잘 들어주기 때문이라고 한다. 미안하지만 그건 잘 들어주는 게 아니다. 잘 들어준다고만 해서 그것이 경청이라고 할 수도 없다. 경청은 말의 내용을 요약할 수 있어야 하고, 왜 그런 말을 하는지 의도를 파악할 수 있어야 한다. 그리고 마지막으로 상대방에게 피드백까지 해줘야 한다. 고도의 집중력이 필요한 기술이다. 다시 한번 생각해보자. 여태까지 경청을 해왔던 게 맞는지.

말하기만 하는 사람은 자신을 우월하거나 열등하다고 생각한다. 능력의 기준을 평균보다 높게 설정해놓고, 자신이 그 위에 있거나 아래에 있는 경우다. 기준보다 위에 있는 사람은 남들이 자기만큼 하지 못한다며 우월함을 과시하거나 비판한다. 아래에 있을 경우, 신세 한탄을 끊임없이 내뱉으며 듣는 이한테 우울함을 전염시킨다. 또는 불리한 자기 상황을 변호하기 위해 한참 말하기도 한다. 이런 사람들은 말할 때, 듣는 이의 표정과 비언어 표현을 잘 확인하고 고려하길 바란다.

그렇다면 대화를 잘 하기 위해선 어떻게 해야 할까? 바로 질문이다. 질문은 사람들이 대화에 능동적으로 참여하게 하는 수단이다. 질문의 내용은 다양할 수 있다.

1. 말을 정리하고 요약해 그 요약이 맞는지 되묻기
2. 말하고 나서 혹은 듣고 감정, 느낌 물어보기

3. 가상 시나리오 만들고 어떻게 행동할 건지 묻기

등 다양할 수 있다. "~라는 거 맞아?" "~라면 어떨 거 같아?" 와 같이 상대방의 의견을 묻는 질문이 대화를 이어가는 데 좋다. 정해진 답을 요구하지 말아야 한다는 걸 주의해야 한다. 질문하라 했지 공감을 요구하라곤 안 했다.

대화를 잘 이끄는 첫 번째 비결은 잘 말하고 듣는 게 아니다.

상대가 말하게 하는 것이다. "지난번에 말한 그 친구 어떻게 됐어?" "네가 좋아하는 영화는 뭐야?" "그건 좀 심했다..." 당신에 대해 알고 싶다는 걸 보여줘라. 상대가 자기 자신에 대해 이야기하게 유도하라. 그러면 상대도 즐거움과 행복감을 느낀다.

"너는 어떤 성격이야?"

직접 질문하면 면접관 같아 보여 불편해할 수도 있다.

"너랑 평상시에 같이 대화해보면 여유로움이 느껴지더라."

자신의 감상과 함께 질문하라. 그럼 부드럽게 말할 수 있으며, 상대에 대한 관심을 표현할 수 있다. 상대는 자신의 가치를 재확인하게 된다.

자기 장점을 어필하는 건 큰 도움이 되지 않는다. 친구를 사귀는 건 취업이 아니다. 친구 관계는 유능함이 아닌 소통과 즐거움으로 이어진다. 소통과 즐거움이 받쳐줘야 행복하고 성장할 수 있다.

두 번째, 내가 당신을 특별히 생각하고 있다는 걸 보여주는 거다. 길 가다가 친구와 어울릴 거 같은 물건이 있으면 사서 선물하는 거다. "너 필요할 거 같아서 샀다." 선물은 연인 사이에서만 하는 게 아니다. 친구에게 선물하는 거만큼 쉽게 마음을 표현할 수 있는 것도 없다. 진심을 감추지 말고 보여라. 뛰어난 리더들이 언제나 말하던 진리다. 진심을 보이려는 노력은 결국 통한다.

"널 좋아해."

사랑 고백하란 말은 아니다.

타인을 이해하는 태도

잘 사는 인생이란, 사람마다 정의가 다르다. 그러나 분명한 건 잘 살기 위해선 성숙한 사람이 되어야 한다. 성숙한 사람이 되기 위해선 인격을 갖춰야 하고, 문제나 갈등을 피하지 않고 해결하려는 태도를 가져야 한다. 인격을 갖추기 위해선 자기 자신을 알고 챙겨야 한다. 소크라테스도, 공자도 말했다. 인격을 갖추기 위해선, 자신이 상황에 따라 어떻게 행동하고 생각하는지 알아야 한다. 그래야 주변 세상을 파괴하지 않고 생산적으로 행동 할 수 있다.

타인을 이해하는 태도 또한 마찬가지다. 각각의 인간은 우월하지도, 열등하지도 않다. 사회를 유지하기 위한 각자의 역할만이 존재할 뿐이다. 타인을 눈, 코, 귀 등 감각으로만 바라보지 말고, 감각 너머 이성으로 바라보려는 노력을 해야 비로소 타인을 볼 수 있다. 그러기 위해선 의도적으로, 여유를 갖기 위해 노력해야 한다.

나를 알고, 너를 알기 위해선 몸과 마음이 갖춰져야 한다. 독서로, 경험을 통해 얻는 깨달음의 양과 질을 높여야 한다. 어떤 경험을 하던, 생산적인 방향으로 해석을 하는 사람들은 독서를 하는 사람들이다. 독서를 통해 깨달음의 양과 질을 높였다면, 의지를 실현할 건강한 몸을 만들어라. 많은 사람들이 둘 중 하나만 하는데, 둘 다 해야 한다. 둘 중 하나만 파는 사람들은 필연적으로 오만해진다.

Chapter 5.

친구 관계에 대한 고찰

나이는 숫자에 불과하다

오픈 마인드가 필요해!

수직관계 사회에서는 친구를 사귀는데 많은 어려움이 따른다. 유교의 잔재가 남아있는 대한민국에서 나이 차는 높은 벽이다. 1~2살만 차이 나도 차려야 하는 예의가 많아진다. 여전히 나이와 경력이 권위이자 권력이 되는 분위기다. 최근에는 많이 바뀌고 있다는 걸 직접 경험했지만 아직까진 겉과 속이 다르다는 게 느껴진다. 하지만 나이 차는 숫자에 불과하다. 프레임을 부수고 오픈 마인드를 가지면 20대와 40대도 친구가 될 수 있다.

오픈 마인드는 저절로 생기지 않는다. 개방적인 사람이 되려고 노력해야 겨우 생길 수 있다. 그런데 한국 사회는 폐쇄적인 사회라 더더욱 어렵다. 군대, 대한민국 남성은 누구나 갔다 와야 하는 수직적이고 폐쇄적인 사회 집단. 친구라는 수평관계가 주였던 사람이 수직관계 속으로 들어가는 건 토종 한국인이 멕시코에서 혼자 살아남기하는 거나 다름없다. 군대는 한 달 늦게 들어왔다고 선임의 괴롭힘을 당연하게 받아줘야 하는 곳이다. 사고 회로가 망가지기 좋은 환경이다. 경력이 권력이 되는 사회는 여기서 시작되었다. 군대는 남성만 가니까 여성은 상관없냐고 할 수 있다. 아니다. 남녀는 함께 살아가며 서로 영향을 주고받는다.

징병제는 1949년부터 한국의 경력 권력화를 진행해왔다. 결국 기업에 연공제를 도입하고, 저항하는 사람들을 비공식 종교인 유교로 탄압했다. 시간만 흐르면 권력을 얻을 수 있었다. 시간만으로 권력을 잡은 자들은 실력자를 경계했다. 권력자는 실력 있는 젊은 사람들이 올라오지 못하게 사회구조를 설계했다. 실력 있는 외국 기업이 들어오려 하면 국산품을 쓰자며 배척했다. 우리 문화를 받아들이지 않으면 끼워주지 않았다. 그렇게 대한민국은 제2의 조선이 되었다.

'술 안 마시면 배신', '선배는 곧 하늘' 등 우리 주변에서도 폐쇄적이고 수직적인 문화를 찾아볼 수 있다. 어디서든 소속감과 존경을 들먹이며 권위를 얻으려 한다. 권위는 권력이 아니다.

쉽게 권력을 잡는다는 말은 미성숙한 사람도 권력을 잡을 수 있다는 말이었다. 권력을 잡은 자는 뇌 구조가 바뀐다고 한다. 즉, 한 사람이 권력을 잡기 전과 후엔 다른 사람이 된다. 권력에 취한 사람은 변화를 싫어한다. 권력을 빼앗기기 때문이다. 이들은 변화와 성장을 위한 권력이 아닌 권력을 위한 변화와 성장을 약속한다. 그렇게 권력을 잡은 자는 더욱 딱딱해지고 퇴보한다. 권력은 영원하지 않은데 말이다.

오픈 마인드를 갖지 못하는 이유를 한국 사회구조와 인간의 본성으로 알아보았다. 사회구조와 본성 때문이라면 오픈 마인드는 영영 가질 수 없는 걸까? 아니다.

환경 탓에 누구나 쉽게 프레임에 갇힐 수 있다. 프레임을 부수는 방법은 바로 도전이다. 여태 해보지 않았던 영역에 도전하라. 남녀노소 모두 새로운 도전에서는 레벨 1이다. 모두 같은 위치에서 시작하는 거다. 자연스레 공감대가 생기고 겸손해진다.

롤모델이 필요해

성숙함을 위해 나이 차가 많이 나는 친구가 필요하다. 현대 사회의 가장 큰 문제점 중 하나는 성인의 소년화다. 한국에선 20살(만 19세)를 넘기면 성인 대우를 해준다. 그러나 법적으로만 성인이지 정신은 소년이다. 미성숙한 소년이 사회에 나오면 가정과 사회에서 온갖 피해를 준다. 소소하지만 확실한 피해부터 거대하지만 보이지 않는 피해까지, 다양한 영역에서 문제를 일으킨다. 소년은 죽고 성년으로 태어나야 한다.

어쩌면 한국성인 중에 성년은 거의 없을지도 모른다. 전 세계도 마찬가지다. 현대사회엔 성년 되는 법도, 성년의 롤모델도 존재하지 않는다. 사이비 성년 의식만이 존재하며 이마저 소년을 타락한 소년으로 만들 뿐이다. 한국의 사이비 성년의식은 군대다. "군대를 갔다 와야 사람 된다." 는 말이 있듯이 한국에서 군대는 성년의식으로 간주한다. 그러나 이는 반은 맞고 반은 틀린 말이다. 사람 되는 사람은 소수고 다수는 가학적인 가부장적 소년이 되어 나온다. 평균보다 못하면 치욕스러움을 맛봐야 하고, 획일화된 행동양식을 위해 고유의 개인성마저 말살 당한다. 잔혹한 인간성을 보며 순응할 건지 저항할 건지에 따라 소년과 성년이 갈린다. 다수는 순응하고, 소수만 저항한다. 저항자 중에서도 생산적이고 성장하는 사람만이 성년이 된다. 성년이 될 건지 소년이 될 건지 알아서 해라라는 느낌이라, 군대는 조직적인 성년의식이라 할 수 없다.

또 다른 성년의식이 있다면 출산이 있다. "결혼해도 애다. 아이를 낳아야 비로소 어른이 된다." 라는 말이 있다. 필자는 출산을 경험해보지 않았지만 직감적으로 출산은 성년의식이 맞다고 본다. 그러나 한국의 출산연령은 30대 초반이라 20대는 소년으로 보내야 한다. 그리고 출산율도 0.78명으로 출산을 경험한, 경험할 사람조차 거의 없다.

한국의 현 2030 성년은 위기에 처했다. 성년 인구가 절대적으로 부족하다. 이 말은 2030세대 사회가 혼란에 빠질 거고, 개인의 성장도 어려울 거란 말이다. 그렇기에 우리는 롤모델이 필요하다. 다양한 경험과 인생 경력을 갖고 있는 어른들은 우리의 롤모델이 될 수 있다. 물론 성숙하고 올바른 사고관을 갖고 계신 분이어야 한다. 찾기 어렵다. 그러나 젊은 사람들과 잘 지내는 어른들이 계신다. 우리는 그들에게 말을 걸고, 친해지면 된다.

체감이 필요해

지식이나 사고를 체감하기 어렵다는 게 책의 한계다. 책으로 보는 세상과 현실은 차원이 다르다. 책은 2D이고 현실은 3D이기 때문이다. 그래서 책으로 사고를 확장한 후 현실에서 체감하는 게 중요하다. 그 체감은 직접 할 수도 있지만 경험자가 보여주는 것으로도 가능하다.

앞에서 말한 자기계발 세미나에서, 필자는 처음으로 부자 마인드를 가진 사람을 경험했다. 나였다면 "물론이죠. 제 강연을 제대로 들었네요!" 하며 기분 좋게 시간을 내줬을 거 같은데, 그분은 그때 무엇을 하고 있을지 모르고, 목적 없는 약속을 잡지 않는다고 하셨다. 신선한 충격이었다. 항상 책에서만 보던 내용을 직접 목격한 것이다. 정말 신기했고, 많이 배웠다. 여태 책으로 그림만 그려왔다면 이번 경험으로 모형을 만든 느낌이었다. 공개적인 거절을 당했으면서도 망신은커녕 너무 감사했다. '저게 바로 부자 마인드구나!' 체감할 수 있었다.

이성간 친구 사이 가능한가?

성욕에 매몰되지 마라

남녀 칠세 부동석, 남녀 간 친구는 과거 생각조차 할 수 없는 금단의 영역이었다. 차별이나 철저한 역할론이 원인이었다. 현대사회에는 다양성이 존중되고, 남녀 역할의 벽이 허물어지고 있다. 덕분에 평등한 위치에서 살고 있다. 그 결과, 우리는 친구가 되고 싶어 하며 그러려고 많은 노력을 한다. 그런데 문제는 이성 간 친구가 가능하냐는 것이다. 이성 친구가 불가능하다는 말이 나오는 이유는 길게 봤을 때, 연인이 되거나 결혼 후 절연되기 때문이다. 친구를 가장하여 연인이 되고 싶어 하는 것일 수도 있지 않은가? 다른 목적으로 접근하는 건 동성 간에도 자주 있는 일이지만, 이성 간에는 더더욱 많을 거 같다. 연인 가능성 없는 이성 친구, 가능한가?

남녀의 차이부터 알아보자. 남자와 여자는 무엇인가? 남자와 여자는 다른 성기를 갖고 있으며 그에 따른 역할이 다르다.

남녀는 세포부터 다르다. 남성은 성세포가 작고 활발하다. 수백만 개를 만들며 시간당 1200만 개가 교체된다. 여성은 성세포가 크고 거의 움직이지 않는다. 양분도 가득하고, 평생 400여 개만 생성한다. 남성은 번식 전략에서도 차이를 보인다. 남성은 관계를 맺는 것으로 끝이지만, 여성은 한 번의 관계로 다른 기회를 완전히 잃는다. 10개월가량 임신과 수유도 해야 한다. 여성은 남성보다 번식에 더 많은 투자를 한다. 쉽게 비유하면, 남성은 가성비 확장 전략을, 여성은 한정판 고급화 전략을 사용한다. 진화심리학에서 말하는 이성 관계는 서로 욕망이 충족될 경우 가능하다고 한다. 여성은 남성에게 보호, 자원 제공, 정서적 교류를 원한다. 남성은 여성에게 관계를 원한다. 서로 원하는 것을 충족시켜주지 않으면 이성관계가 아닌 친구관계가 성립되지 않을까? 그저 본능을 거스르는 행위는 쉽지 않을 뿐아니라 지속하기도 어렵다.

인간은 동물과 달리 정신을 확장하고 성숙시킬 수 있다. 이성 친구를 사귀기 위해선 정신적 성숙이 필요하다. 이성 친구는 '이성'과 '친구'가 결합한 말인데, 대체로 '이성'에만 집중하지 '친구'에는 관심을 두지 않는다. SNS에서도 남사친, 여사친 논쟁은 상당히 빈번하다. 가능파는 친구의 기능에 집중하고, 불가파는 이성에 집중한다. 이성에만 집중하면 친구관계가 불가능하다. 이성 친구를 사귀고 싶다면 '친구'에 집중해야 한다. 물론 이성을 100% 배제하기란 쉽지 않다. 그렇지만 비중을 줄이는 방법은 있다.

1. 리스크를 줄인다

친구보다 이성이 높아지는 상황 자체를 만들지 않거나 피한다. 쉬운 예로 술을 마시지 않는 것이다. 술은 인간의 동물성을 증폭시키는 약이다. 술은 머리보다 몸이 더 앞서게 한다. 논쟁에서 항상 나오는 예시 중 "술 마시다 실수했다." 썰이 많은 이유가 바로 이 때문이다.

성욕을 느끼지 못하게 하는 것도 방법이다. 추한 행동을 한다거나, 이성으로서 매력을 느끼지 못하게 행동하는 것. 물론 뒷수습은 당신의 몫. 이성으로서 느끼지 않을 수도 있지만 친구로도 느끼지 못할 수도 있다.

2. 다른 말로 표현한다

언어가 생각을 지배한다는 말이 있다. 도저히 해결이 되지 않는다면, 동기, 동료, 지인 등 다른 말로 표현하는 거다. 듣는 사람 입장에선 정 떨어질 수 있어도 관계를 유지하기 위해 어쩔 수 없는 선택이다.

　이성 친구는 친구관계 중에서도 상위 등급에 속하는 난이도가 높은 관계다. 관계에 대한 심도 있는 철학, 경험이 없다면, 환상에 그칠 가능성이 크다. 친구가 된지 얼마 안 되었으면, 내 주장에 반대할 수도 있다. 그러나 시간이 지나고 나면 머릿속 배심원들의 반대표가 줄어드는 걸 느낄 거다. 물론 판결은 당신의 몫이다.

모든 친구는 평등하게 대우해야 한다?

사람은 모두 평등하고, 평등하게 대우받아야 한다. 그러나 개인의 입장에서 평등한 대우란 쉽지 않다. 시간과 에너지는 한정적인데, 모르는 사람, 관계가 안 좋은 사람한테까지 특별대우를 해줄 순 없다. 물론 공과 사는 구분해야 하지만 시간과 에너지는 사랑하는 사람에게 더 써야 한다.

관계는 평등할 수 없다. 부모가 자기 자식을 더 챙기는데 뭐라 할 사람 없다. 크리에이터는 멤버십 기능으로 비용을 더 낸 팬들에게 차별 대우를 한다. 이 또한 뭐라 할 말 없다. 친구관계는 피가 섞인 것도 아니고, 돈으로 사는 것도 아닌데 차별대우를 해도 되는가? 당연히 해도 된다. 아니, 반드시 해야 한다. 시간과 에너지는 인간의 가장 원초적이며 한정된 자원이다. 그렇기에 누군가 나에게 시간과 에너지를 투자한다면 기꺼이 그에게 합당한 대우를 해줘야 한다. 원치 않는 투자라면 바로 거절해야 한다. 거절하지 않는다면 상대를 이용한 거나 다름없기 때문이다. 아니면 그가 올바른 투자를 할 수 있게 방향을 제시해주어야 한다.

나한테 자원을 더 쓰는 친구나 더 쓰고 싶은 친구한테는 차별 대우가 필요하다. 그렇다고 다른 사람들을 함부로 대하란 말이 아니다. 최소한의 예의와 예절은 갖추어야 한다. 거기에 더해 자신만의 멤버십 혜택을 추가하란 뜻이다. 나의 경우, 멤버십 친구에겐 선물이나 연락을 더 자주 하는 편이다.

난 좋아하는데 그 친구는 날 좋아하지 않아요

주식을 예로 들어보자. 김찬주는 회사 동료와 출장을 가던 중, 주식 얘기가 나왔다. 동료는 이제 하락장이기에 당장 탈출해야 한다는 말을 했다. 그 말을 들으니 관심 없던 주식에 손이 간다. 동료는 자기 말이 100% 맞을 순 없으니 말리진 않겠다고 한다. 곧 추석이 다가오기에 추석 이벤트를 믿고 게임주를 샀다. 다음날 10% 하락했다.

'괜찮다. 어차피 1년 갖고 가려고 했다.' 찬주는 생각했다. 어차피 하락장이라는 걸 알고 투자한 거 아니던가? 찬주는 원금의 두 배를 추가 매수했다. 동료는 진정하라고 한다. 그 주식은 다음 날, 9시 5% 상승했다.

'봐라. 내 말이 맞지 않았느냐! 이번 추석까지 15% 더 오른다! 매도까지 얼마 안 남았다!' 찬주는 기분이 좋았다. 아직 5% 손해이긴 해도 곧 오를 거기에 신경 안 쓴다. 3시 30분, 0.5% 하락으로 장 마감했다.

'어차피 이 주식, 1년 갖고 가려고 했다.'

마음에 안 들었던 사람이 갑자기 잘 해주면 달라 보이고, 별 볼 일 없던 친구가 팀플을 완벽하게 수행하는 걸 보며 멋진 친구가 된다. 사람은 상황에 따라 말과 행동, 생각이 달라진다. 인간은 감정의 동물이기에 어쩔 수 없다. 그렇기에 지금 당장 그 친구가 당신을 별로 좋아하지 않을 순 있어도 당신과 시간을 많이 갖거나 다양한 이벤트를 겪으면 생각이 달라질 수 있다.

그 친구가 좋아하지 않는 이유는, 당신이 기회를 주지 않아서 일 수도 있다.

자신의 매력을 알면서도 겸손 또는 경직된 상황 때문일 수도 있지만 몰라서 그럴 수도 있다. 자아성찰과 여러 도구로, 빠른 매력 탐구를 하길 바란다.

문을 두드리지 않으면 문을 열어볼 생각조차 하지 않는다. 연애도 누군가 먼저 좋아한다는 마음을 보여주어야 시작할 수 있다.

마음에 안 드는 친구 손절해도 되나요?

친구 손절, 해도 된다. 하지만 신중해야 한다. 상황에 따라 다르게 해야 한다. 갈등을 해결하려는 서로 간 노력의 유무와 당신의 시간, 에너지 그리고 정신적 여유도 확인해야 한다.

고등학교 친구들과 과거를 회상하다 보면, 친구들은 나를 손절왕이라 부른다. 그만큼 손절을 많이 했었다. 고등학생 때, 대인관계는 부처 스타일이었고, 갈등에는 회피형으로 대응했다. 그렇다 보니 반사회성 때문에 퇴출 직전인 사람들이 나를 찾아왔다. 나마저 버티지 못하고 포기하면 그 사람은 더 이상 갈 곳이 없었다. 수문장이나 다름없었다.

당시 나는 나한테 오는 사람들은 모두 잘해줘야 한다는 마인드를 갖고 있었다. 웬만해선 공평하게 대했고, 더 친하다고 더 잘 해주는 경우도 거의 없었다. 자연스럽게 포용력이 좋은 사람이 되었다. 부처 스타일 덕에 갖춘 포용력은 지금까지도 상당히 좋은 강점으로 여기고 있지만 단점도 존재했다. 갈등이 생기거나 불합리적인 일을 당할 때, 피해 다녔다. 갈등을 일으키기 싫어서 어떤 장난이든 잘 받아줬다. 거절하기 두려워서 부탁도 잘 들어줬다. 아무리 마음에 안드는 친구가 있어도 정면충돌하지 않았다. 어쩌면 회피형이었기에 부처 스타일이 되었을지도 모른다. 물론 손절을 선언하면서 손절하진 않는다. 처음엔 말을 걸지 않는다. 이후 빅 이벤트로 손절을 완성한다. 빅 이벤트란 언성이 높아지거나 싸움 직전까지의 분위기인 사건을 말한다.

지금 그때를 회상해보면, 손절은 최선의 선택이지 않았나 싶다. 인간의 행동과 선택은 한 가지가 아닌 다양한 요인에 의해 결정된다. 수능, 내신 등 대학을 결정할 시험에 대한 압박감, 사람 스트레스로 시간, 에너지 낭비 원하지 않음, 미성숙한 사고관, 이미지 등 다양한 이유가 있었다. 이때는 관계 유지보다 더 급한 문제가 많았다. 고등학생 시절은 상당히 압박이 심했고, 자원 분배를 철저히 할 필요가 있었다.

대학시절은 달랐느냐고 물어본다면 달랐다고 답할 거다.

대학 시절에는 손절을 하지 않았다. 대학생 때는 수능, 내신만큼 압박감을 느낀 적이 없다. 빡빡한 스케줄 또한 없었다. 운동과 독서로 심신을 단련하기도 했다. 상당히 여유로웠다. 친구가 배신을 해도 기회를 다시 줬다. 1학년 때부터 이기적이고, 비협조적인 사람과 두 번 정도 과제도 같이 했다. 3학년 때 보기 싫었던 사람과 4학년 때 친하게 잘 지냈다. 친구들과 함께 있는 걸 좋아한다는 걸 깨닫고 인정한 이후에는 손절이 손해였다.

당신의 목표, 한정된 자원에 따라 손절의 필요성은 달라진다. 시간과 자원을 투자할 상황이 되는지, 당신이 노력해서 해결할 수 있는 문제인지, 손절이 꼭 필요한 상황인지 신중한 판단 과정이 필요하다. 앞에서도 말했지만 관계를 가볍게 여기는 분위기를 경계해야한다. 당신의 인생을 위해서.

에필로그

거대한 파도를 넘어

2024년, 세상은 이전과는 완전히 다른 국면에 접어들었다. 2년 전만 해도 메타버스가 온 세상을 떠들썩하게 했지만, 이제는 인공지능(AI)이 그 자리를 차지하고 있다. 그뿐만 아니라, 풍요롭던 시대는 지나가고, 경제적인 어려움이 우리를 감싸고 있다. 세상은 끊임없이 변하고, 그 변화는 거대한 파도처럼 밀려온다.

이런 변화를 마주할 때, 우리는 무엇을 해야 할까? 첫 번째로, 그 파도의 크기와 시작점을 파악해야 한다. 무엇이 변화를 이끄는지 알지 못하면, 그저 떠밀려갈 뿐이다. 두 번째로, 내 배가 얼마나 큰지,

지금 어떤 상태인지 알아야 한다. 내가 가진 능력과 자원을 정확히 파악해야만 적절히 대응할 수 있다. 세 번째로는 용기와 결단이 필요하다. 파도가 몰려올 때, 그 파도를 넘을지, 아니면 피해 갈지를 스스로 결정할 수 있어야 한다. 흐름에 몸을 맡기는 건, 결국 운에 모든 걸 걸겠다는 뜻이기 때문이다.

우리는 친구 관계에서도 비슷한 파도를 만난다. 갈등이 생기거나 각자의 길이 달라지면서 관계가 흔들릴 때가 있다. 그럴 때는 반드시 선택을 해야 한다. 이 관계를 계속 유지할 것인가, 아니면 끊어야 할 것인가? 혹은 잠시 거리를 두고 다시 만날 기회를 기다려야 할까? 이 모든 선택은 내가 나 자신을 지키기 위해, 그리고 관계를 지키기 위해 필요하다. 우리는 스스로 관계를 관리할 수 있어야 한다. 그게 결국 오래 가는 비결이다.

평생 친구를 만들기 위해 많은 노력을 기울인다. 하지만 세상이 변하면 관계도 변한다. 새로운 환경에 적응해야 하고, 그에 맞는 새로운 관계가 필요할 수도 있다. 또는 기존의 관계를 새로운 방식으로 재정립해야 할 때도 온다. 이 책에서 말하는 '평생 친구'는 그런 변화 속에서도 흔들리지 않는 가치를 가지고 있다. 진정한 친구란, 함께 성장하며 서로를 신뢰할 수 있는 존재다. 이 단순한 진리가 시대가 어떻게 변하든, 변하지 않는 이유다.

지난 2년 동안 세상이 얼마나 많이 변했는지를 실감하면서, 앞으로도 끊임없이 변화할 것이라는 사실을 깨닫게 된다. 하지만 그 변화는 두려워할 대상이 아니다. 그 안에서 내가 어떤 선택을 하고, 어떻게 행동할지를 결정할 힘을 기르는 것이 중요하다. 거대한 파도가 몰아칠 때, 우리는 그 파도를 타고 나아갈 줄 알아야 한다. 그 길 위에 평생 친구가 함께라면, 그 어떤 파도도 두렵지 않을 것이다.

　　모두가 흔들림 없이 친구 관계를 잘 가꾸어 나가길 진심으로 바란다.

평생 친구 사귀는 방법　개정판

개정판 발행 | 2024년 10월 21일

지은이 | 조영범
펴낸이 | 김지연
펴낸곳 | 마음세상

출판등록 | 제406-2011-000024호 (2011년 3월 7일)

외주편집 | 김주섭

ISBN | 979-11-5636-581-5(03190)

ⓒ조영범

원고투고 | maumsesang2@nate.com

* 값 16,800원